人才發展的課題

李隆盛　著

五南圖書出版公司 印行

臺灣「最美的風景是人」，最重要的資源是人才。人才是發展出來的。根據人才發展協會（Association for Talent Development, ATD）的定義，人才發展（talent development, TD）是透過促進學習、員工參與、人才管理和員工發展以推動組織績效、產能和結果的努力或專業，所以人才發展的主要對象是成人、直接場域是組織、終極功能在增進員工職能，促使組織成功和成長。如果把上述定義中的「組織」用「國家」、「區域」或「全球」等場域替代，則是「國家」、「區域」或「全球」層次的人才發展。

因此，人才發展的核心是人，是開發人之才能的要務。大家都要努力把自己培養成有用的人才；人才發展專業人員和利害關係人更需要關注課題、研議對策，以便經濟有效地發展人才。

問題（problem）是現實與理想的差距或缺口，當某個（或某些）問題被解決、缺口被彌平之後（或之中），會出現新的理想而產生新的問題。所以，「不怕有問題，只怕老問題」，前者指層出不窮的問題常可正面看待是進步現象或生生不息，後者指老問題常是怯於面對或因循苟且，所導致的停滯或退步現象。課題（issue）則是有待解決的重要問題或爭議問題，也是特別值得關注的問題。時下我國組織和國家層次的人才發展就有許多課題值得大家關注和解決，不宜讓它們成為老問題。

作者將 2016-2022 年春天這 6 年期間發表在期刊上、和人才發展課題有關、且篇幅較短的文章共 39 篇，彙集在本書。這些文章大多是期刊編輯小組或委員會先訂定了專題或題目方向之後，再邀作者撰寫的，所以各篇題目反映了課題辨認上的客觀性。作者在彙集時就文章內容和形式只做細微的調整，主要是遣詞用字的修飾和體例的一致化。

作者感謝原刊載期刊的邀稿和刊登，也感謝五南圖書出版公司協助出版。期望讀者閱讀本書，裨益個人發展和專業貢獻！

目錄

人才發展的課題

未來的工作

人才發展的課題

1

展望 2030 年的全球
職業消長和能力變化

　　面對人工智慧（AI）的興起，有人曾打趣說：「如果沒掌握好 AI，就會遭遇 BI（即臺語發音的『悲哀』）。」今天為明天準備，這 10 年為下 10 年打底，所有和人才（或人力）有關的利害關係人（如個人、教育者、企業和政府）都應該展望 2030 年時可能的職業消長和能力變化情形，並超前部署、及早準備，才不會陷入盲目飛行的危險。

2030 年全球職業消長預測：職業數量流失大於新增，個人須做好轉換職業或提升能力的準備

　　麥肯錫全球研究所（McKinsey Global Institute, MGI）將「運用技術程序調適當前已出現的科技所進行的自動化（含 AI 和機器人，如自駕車、醫療影像的智慧型判讀機器以及回應客戶服務查詢的演算法）」稱之為技術自動化。MGI 於 2017 年的兩份報告書《可行的未來：自動化、就業、和生產力》（*A future that works: Automation, employment, and productivity*）及《工作有沉有浮：自動化時代的人力轉變》（*Jobs lost, jobs gained: Workforce transitions in a time of automatio*n）指出，到 2030 年全球約一半當前的工作活動以及六成當前職業中至少 30% 的活動可被技術自動化。但只有很少（小於 5%）的職業可完全被技術自動化。但是，

到 2030 年實際會被自動化取代的工作活動比例可能較前述低（以工時估計是 0-30%，中數爲 15%），原因是技術、經濟和社會因素都會影響自動化的採用。例如在薪資相對較低的領域或區域，即使可以自動化，其速度也會被遲延；公部門等常較抗拒自動化；貧窮國家常缺錢投資自動化……。

　　就職業和領域而言，MGI 報告指出最容易實現自動化的活動包括可預測環境中的體力活動，例如操作機器和製備速食。蒐集和處理資料則是另外兩類愈來愈可以用機器做得更快更好的活動，所以像抵押貸款發放、律師助理工作、會計和後台交易處理等大量人力可能被取代（但某些任務被自動化後，就業人數也可能不會減少，而須執行新的任務）。自動化對涉及人員管理、應用專門知能和社交互動的工作將產生較小的影響，因爲在這些工作中，目前機器無法做到人類的績效。在不可預測環境中的工作（如園丁、水電工或幼兒和老人照護人員）將看到較少的自動化，因爲它們在技術上難以實現自動化，並且通常要求的薪資相對較低，降低了在商業上採行自動化的誘因。再舉例言之，美國下列五類職業中愈前面的職業愈可能技術自動化：(1) 縫紉機作業員、農產品分級分類人員；(2) 股市職員、旅遊代辦人員、手錶修理人員；(3) 化學技術員、護理助理人員、網頁開發人員；(4) 時尚設計人員、執行長、統計人員；(5) 精神科醫師、立法人員。

　　2017 年培生教育出版集團（Pearson Education）的報告書《能力的未來：2030 年的就業》（*The Future of Skills: Employment in 2030*），著眼於晚近對未來工作消長的討論太側重在自動化的影響而忽略了其他趨勢（如全球化、人口老化、都市化和綠色經濟興起），所有職業中約有一成會成長、兩成會萎縮，其餘七成左右的現職人力尚不知會如何變化。許多工作的就業機會會減少，重點在其本質是低度或中度能力需求的工作，主要是科技變革和全球化會降低許多低 / 中度能力職業（如營建、農業作業、製造生產）的重要性所致，行政、祕書和某些銷售職業也有此趨勢。而教

育、醫療照護和廣義公部門的職業可能成長。

在 2030 年職業或工作機會的成長方面，MGI 報告認爲可能刺激新創工作的來源如下：收入和消費增加（尤其是在新興經濟體中），人口高齡化，科技的發展與部署，基礎設施和建物的投資，在可再生能源、能源效率和氣候適應方面的投資，以及無償家務的市場化。因而指出下列是數量上最可能成長的職種：(1) 醫療保健人員；(2) 專業人員——如工程師、科學家、會計師和分析師；(3) 資訊科技（IT）專業人員和其他技術專家；(4) 經理和工作不能輕易用機器取代的行政人員；(5) 教育人員——特別是在年輕人口的新興經濟體中；(6) 創意工作人員——一小部分正隨著收入增加導致對休閒和娛樂需求提高而成長中的藝術者、表演者和演藝人員；(7) 建築人員和相關專業——特別在涉及較高投資之基礎設施和建物時；(8) 在不可預測環境中的手工和服務工作——例如家庭保健助手和園丁。和前述培生報告書的發現雷同。

在自動化等因素衝擊下，職業有消有長，工作活動會改變。因此，MGI 等報告指出自動化會提升產能和促進經濟發展，但全球數以億計的在職（甚至職前）人員需要有轉換職業或提升能力的準備。

2030 年全球職業能力變化：硬能力與時俱進，軟能力亟需補充，人員聘僱重視能力甚於經驗

前述 MGI 的報告指出，到 2030 年全球可能有 4-8 億人的工作會被自動化取代，而須另找新工作。其中 0.75-3.75 億人可能需要變換職種和學習新能力（但如加上前述收入和消費等其他因素的考量，則人數會較少）。亦即，預估 2030 年全球 26.6 億勞動力中，有 8-9% 是從事新的職業。各國須能面對勞動力轉職的挑戰，提供他們工作轉銜所需的能力和支持，否則會遭遇失業率上升和薪資下降的困境。

　　MGI 報告指出，未來的工作者將花費較多的時間在機器能力較弱的活動上，例如管理人員應用專門知識以及與他人溝通；花費較少時間在機器已經超越人類績效的可預測之體力活動以及資料蒐集和處理。他們從事這些工作所需的技能和能力也將發生變化——需要更多的社交和情緒能力以及更高層次的認知能力，例如邏輯推理和創造力。

　　培生報告書則指出，未來工作者除了在特定職業上需要更專業的知識之外，還需要廣泛的博雅知識（如英語、歷史、哲學、行政與管理），而格外需要補充的能力是顧客和人員服務能力、判斷和作決定能力、科技設計能力、想法的流暢表達能力、科學和作業分析能力。簡而言之，是硬能力應與時俱進，軟能力也亟需補充，才能因應未來職業變動所需的能力變化。而在人員聘僱方面也該重視能力甚於經驗，但是重視能力的選才需要更經濟有效的方法。

利害關係人務須加強投資人才

　　在接近和進入 2020 年時，出現了許多展望 2030 年全球或分區職業消長和能力變化的論述。這些論述的共同點是指出科技變革或自動化是影響職業消長和能力變化的主要驅力，但也關注除了自動化還有其他牽動的力量。

　　本文選擇被高度引用的論述，指出到 2030 年職業數量的流失可能大於新增，許多在職和職前人員會遭遇工作再設計而有重新學習、補充或提升能力的需求，以因應新的工作活動（如人機協作）或轉換到新的職種。就我國而言，亟需努力的作為至少有下列兩項：

1. 描繪出 2030 年職業和能力變化的圖像

　　現有的全球或分區職業消長和能力變化論述，大多不包含臺灣。我國政府機關或民間智庫宜參考已有的嚴謹論述之作法，採用後設／統合

分析、場景分析等綜整方法，描繪出臺灣 2030 年職業和能力變化的可能圖像，提供我國人才的利害關係人參採。

2. 兼重正規、非正規和非正式學習管道發展能力

硬能力和軟能力亟需由提供正規（formal）學習的單位，積極依需求盤整現有班制、課程、教學和評估之外，也亟需鼓勵非正規（non-formal）和非正式（informal）學習管道發展。像是承認三種管道學習結果、有助確保學習品質和鼓勵終身學習的國家資歷架構（national qualifications framework, NQF）也該加速建置。

前述需求亟待我國人才的利害關係人共同面對、一起努力。「未來已經到來，只是還沒均勻分配。」是美國作家吉布森（William Gibson）的名句。2021 庚子年是牛年，距離 2030 年已不到 10 年，大家亟需積極展望和犇向未來。

（2021 年 1 月發表於《經濟部人才快訊電子報》）

2 未來工作沉浮有譜？

　　李開復和王詠剛合撰的《人工智慧來了》在今（2017）年4月出版。他說：「我們來到世界上本來就不是來做無聊的、重複性的事情，人工智慧時代來臨，人類未來就不要再做這些了。」這些話大致點出什麼樣的工作容易在人工智慧普及之後被取代。李開復提出可用來檢視工作被取代性高低的「五秒鐘準則」：一項本來由人從事的工作，如果人可以在五秒鐘以內，對工作中需要思考和決策的問題做出相應決定，則此項工作就有非常大的可能，全部或部分被人工智慧技術取代。但是，他也表示：與其說人工智慧會「取代」我們的工作，不如說人工智慧是將工作「轉變成新的形式」。換句話說，在包含人工智慧與機器人的自動化快速進展下，有些工作正在消沉、有些工作正在浮升。可是，會如何沉浮呢？

　　麥肯錫全球研究所（McKinsey Global Institute, MGI）在今年12月出版《工作有沉有浮：自動化時代的人力轉變》（*Jobs lost, jobs gained: Workforce transitions in a time of automation*）報告，為未來工作的沉浮提供了簡譜。MGI透過歷史回顧和46個國家（沒含臺灣）的未來場景分析（scenario analysis），檢視2016-2030年間那些工作會被自動化取代和那些工作會成長。

工作的消沉程度會受到採行自動化速率和職業別、產業別等因素影響

　　MGI 指出全球約半數的工作活動可被當前已擁有的技術自動化，60%的職業當中至少有 30% 的重要工作活動會被自動化取代。但是，這種工作的消沉不只是受到自動化採行步調快慢影響，還會因國家經濟開發程度、職業別、產業別、薪資高低和自動化誘因等因素而有別。在已開發國家，未來人數會大幅減少的職業為工作情境可預知的體力工作者（如機器操作者、速食製備者、貸放款人員、律師助理、會計、後台交易處理人員等）；未來人數會小幅減少的職業為：工作情境不可預知的體力工作者（如園丁、戶外畜牧者、伐木者等）和辦公室的支援人員；未來人數會持平的職業則為和消費者互動人員（如餐廳前場服務人員）。在開發中國家，未來人數會持平的職業為可預知的體力工作者。

工作的浮升主要是經濟成長和新創職業出現所致

　　MGI 指出成長和動態的經濟（常有技術的添柴加油和提高產能）會促使從現有的職業中因需求而增多工作數量，也會新創出前所未有的新職業。此外，下列三個發展趨勢是未來數以百萬計新增工作需求的催化劑：

1. 收入和消費力提升：特別發生在新興經濟體；預估會增多 3-3.65 億個工作在耐用消費品、休閒活動、理財和電信服務、住宅、健康照護和教育等產業。

2. 人口高齡化：主要是照護他人的需求提高；此一趨勢和收入提高趨勢合併預估會增多 0.8-1.3 億個工作，其中許多新增需求是在醫師、護理師、醫技人員、家庭健康助理、個人照護助理、護理助理等職業。

3. 科技的開發與部署：新科技開發與部署也會促進相關工作成長，例如電腦科學人員、工程師、資訊科技（IT）行政人員。此一趨勢會增多 0.2-

0.5 億個工作，固然人數相對少於健康照護人員，但卻是高薪酬職業。

　　MGI 因而指出，在已開發國家未來人數會大幅增多的職業為：專業人員、照護人員、管理和高階主管人員；人數會小幅增多的職業為：營建人員、教育人員、技術專業人員和創意人員。在開發中國家未來人數會大幅增多的職業為：和消費者互動人員、照護人員、營建人員和教育人員；人數會小幅增多的職業為：工作情境不可預知的體力工作人員、辦公室支援人員、專業人員、管理和高階主管人員、技術專業人員和創意人員。

　　值得注意的是有些職業裡的工作活動被自動化了，但是就業人數不會減少是因為新的工作活動產生了。這就是李開復所說的工作「轉變成新的形式」。又如在不可預知情境中的工作（如園丁、水電工、幼兒及老人照服員）因技術上難以自動化且相對薪酬低，所以企業將其自動化的優序不高，因此會維持或提高相當的工作數量。

所有的工作人員都須因應轉變而調適，有些調適有賴高等教育多著力

　　MGI 指出所有的工作人員都須因應工作活動的轉變而調適。而在快速採行自動化的走向中，全球勞動力約有 3-14%（0.75-3.75 億人）更可能須轉換到新的職種和學習新的能力，如果這種轉移愈慢，則失業率可能提高和薪資成長可能減緩。整體而言，需求會提高的新能力由高而低排序是：運用專長、與利害關係人互動、管理人員、不可預知的體力。需求會降低的新能力由高而低排序是：可預知的體力、蒐集資料、處理資料。由於需求能力有這些浮沉趨勢，已開發國家未來教育的需求是中小學程度者小幅降低、專科程度者持平、大學以上程度者小幅上升；開發中國家未來教育的需求是中小學程度者大幅上升、專科程度和大學以上程度者均小幅上升。由於大學以上程度者的需求在已開發和開發中國家都屬小幅上升，

意味工作人員因應轉變所需調適，有賴高等教育多著力。

　　上述 MGI 的 148 頁報告確實為全球的未來工作浮沉提供了簡譜，值得仔細閱讀全文，從中擷取對我們的更多意涵，也值得我們參探 MGI 所用的歷史回顧和場景分析法，描繪出臺灣 2016-2030 年工作沉浮圖譜。但在進行這些之前，MGI 報告對全球整體的下列四點建議，更值得我們注意：

1. 經濟如果沒擴張就不會開創出工作，所以務須確保穩健的需求成長和經濟力度。
2. 應提升勞動力的能力，特別是要針對人員和機器會有更多的共事機會，重新訓練在職員工。
3. 須暢通勞動力市場、提高流動力和媒合率，以裨益轉變中的職業組合。
4. 須調適收入和提供工作轉換支持以協助工作人員和工作被自動化取代者找到新工作。

　　　　　　　　　（2017 年 12 月發表於《經濟部人才快訊電子報》）

3

那些工作會在新自動化的浪潮中消退？

　　《商周.COM》報導 2016 年 11 月鴻海集團董事長郭台銘演講透露：在鴻海子公司富士康集團中，已經有好幾座工廠可以關燈生產，在黑暗中硬體物件和機器設備之間彼此溝通，溝通資料之大超過好幾億筆。郭台銘說：數位經濟跟傳統的一般的製造最大的不同，在於數位經濟讓我們學會了如何從傳統製造變成智慧製造。也就是說，我們用製造過程中所產出的數字加上互聯網（即網際網路）的應用，所以我們叫「智慧製造＋互聯網」，而不是「互聯網＋」……科技就是為了改進人類的生活便捷快速而存在的。未來的發展是硬軟整合、實虛結合的世界。

新自動化是數位經濟的表徵之一，也可能是解決人口老化人力不足的良方

　　的確，在 2017 年第 1 季《麥肯錫公司簡訊》中，十大最受歡迎的文章首選是〈未來利用自動化大勢底定〉（Harnessing automation for a future that works），該文指出：機器人、人工智慧和機器學習的最新發展使我們處於新自動化時代的風頭浪尖。1850-1910 年由蒸汽機促成的年生產力成長是 0.3%，1993-2007 年由早期機器人促成的年生產力成長是 0.4%，1995-2005 年由資訊科技（IT）促成的年生產力成長是 0.6%，2015-2065

年由自動化可能促成的年生產力成長是 0.8-1.4%。亦即，採用機器人、人工智慧和機器學習的新自動化，可能會給許多國家（含臺灣）生產力成長暗淡和人口老化的全球經濟帶來彈跳。

「新自動化」中「新」的重點在「製造數位化」，所以「新自動化」和「數位化」互爲表裡：新自動化是數位經濟的表徵之一，智慧化與數位化是新自動化的核心或重點。但是，「長江後浪推前浪，前浪死在沙灘上」，當硬軟整合、實虛結合的新自動化浪潮席捲而來，有那些工作（jobs）會在這波浪潮中消退？

新自動化衝擊下機器取代人力的程度，會因產業和活動不同而有差異

2016年7月發表在《麥肯錫季刊》（McKinsey Quarterly）上的文章〈機器在那裡可能取代人力——在那裡不會（或還不會）〉（Where machines could replace humans — and where they can't (yet)）及其相關文件，指出麥肯錫分析了這一波自動化對 54 個國家（含臺灣）共涵蓋 78% 全球勞動力市場的衝擊，評估出各產業和活動自動化的潛勢（potential），自動化潛勢愈高的工作愈快會在自動化的浪潮中消退。

麥肯錫的分析指出在 19 個產業別中，全球自動化潛勢最高的前五個產業是住宿與餐飲服務產業（66%，即 66% 的工作可能會被自動化取代）、製造產業（64%）、交通與倉儲產業（60%）、採礦產業（50%）和零售業產業（50%）。臺灣整體自動化潛勢是 53%（即在現有 980 萬名員工中有 520 萬名可能被自動化取代），自動化潛勢最高的前五個產業是住宿與餐飲服務產業（71% 或 47 萬 9,400 人）、採礦產業（64% 或 3 萬 9,800人）、製造產業（59% 或 160 萬人）、營建產業（57% 或 35 萬 3,300 人）和交通與倉儲產業（56% 或 22 萬 700 人）。亦即，新自動化衝擊下機器

取代人力的程度會因產業和活動不同而有差異，也會因國家和區域差異而不同。而當今客人可在愈來愈多的飯店機器上辦理入住和退房、由機器人服務生搬行李，以及無人餐廳的出現，也為上述自動化潛勢高居第一的住宿與餐飲服務產業之處境做了註腳。

　　麥肯錫也分析了 800 多種職業 2,000 多種工作活動的自動化潛勢，發現就各產業整體而言，七類工作活動的自動化潛勢由高而低排序是：工作情境可預測的體力工作（81%）、資料處理（69%）、資料蒐集（64%）、工作情境不可預測的體力工作（26%）、與利害關係人互動（20%）、運用專門技術（17%）和管理他人（10%）。由於工作屬性常被用花在與人員（people, P）、資料（data, D）和物件（thing, T）互動的時間之比例定位，麥肯錫的七種活動自動化潛勢排序大致顯示，與物件互動比例高的工作類別最可能被取代，與資料互動比例高者次之，人員再次之。

新自動化也促使中級規律性工作消退

　　此外，經濟合作暨發展組織（Organisation for Economic Co-operation and Development, OECD）的簡報〈數位經濟中的自動化與獨立工作〉（Automation and independent work in a digital economy）指出自動化也在促使中級規律性工作消退。亦即自動化的核心——智慧化與數位化——正在降低對規律性和手動作業的需求，而提升對低及高能力作業和解決問題與人際能力的需求，亦即在自動化衝擊下就人員能力高低的需求而言，正朝兩極化或 M 型化發展。

　　在上述能力需求朝兩極化發展中，低能力端非規律性的活動（相當於上述麥肯錫文件所稱的「不可預測的體力工作」）如看護和個人服務，以及高能力端的活動也以非規律性作業較不易被自動化取代；解決問題能力中也以具解決非結構化問題的認知能力才可能存續。

　　綜上所述，在住宿與餐飲服務產業、與物件或資料互動比例高、規律性高的工作，是在新自動化浪潮中最瀕危的工作。此外，幾乎所有工作都會受到自動化的影響。所以，未來的工作世界值得我們更加關心、因應或開創；人力資源發展取向也該因勢利導，多培育生產力高、存續力強的人才。

　　　　（2017 年 4 月發表於《經濟部人才快訊電子報》）

4

未來的工作世界需要
什麼能力？

　　各種人才培育常被批評是用過去的經驗，教導現在的學生（或員工），適應未來的世界；人才招募與甄選也常被批評不夠關照未來的需求。事實上，無論人才培育、招募、甄選或個人職涯發展，既要面向現在也要展望未來。

　　目前已有不少展望未來工作世界及其職業（或未來人才及其能力需求）將會如何變化的報告，但是較宏觀和可靠的報告大多在 COVID-19 疫情發生前完成，以展望 21 世紀或未來 10 年（2021-2030 年）。可是，爆發自 2019 年底的全球疫情大流行已牽動一些變化，例如麥肯錫全球研究所（McKinsey Global Institute, MGI）2021 年 2 月的報告指出：疫情大流行加速了遠距工作、電子商務和自動化方面的現有趨勢，可能需要轉換職業的員工比之前的估計會增多達 25%。國際勞工組織（International Labour Organization, ILO）也指出全球疫情大流行對工作世界產生了深遠的影響，例如估計相對於 2019 年，2020-2022 這 3 年因疫情導致無法順勢成長的全職就業人數分別相當於 3,000 萬人、6,100 萬人和 8,900 萬人。

未來工作世界中特別需要肆應變動和自立立人的能力

　　因此，展望未來的報告有需要因應疫情做修正，或將疫情的影響含納其中。MGI 的 Marco Dondi 等人在 2021 年 6 月底發表的報告《定義公民在未來工作世界中需要的能力》（*Defining the skills citizens will need in the future world of work*）為我們描繪出未來工作世界需要什麼能力的輪廓。透過跨 15 國 1.8 萬名成人的調查，Dondi 等辨認出表 1 所列 4 類 13 組 56 個未來在工作世界中發展所需的基礎能力，並將表中加有圓點的第三層技能與態度的混合稱之為「釐清的人才要素」（Distinct Elements of Talent, DELTA），在報告書中各項 DELTA 均有定義和其被期望的熟練程度之描述。例如「認知—溝通—統整訊息」DELTA 的定義是「簡潔而富有洞察力地溝通大量資訊的能力」，其被期望的熟練程度是「個人能將大量資訊統整成只提供對未來有影響之相關見解的簡短訊息」。

▶ 表 1 ▶ 公民在未來工作世界中需要的 56 個能力

認　知		人　際	
批判思考	**規劃與工作方式**	**調度系統**	**發展關係**
• 結構化問題解決	• 工作計畫發展[i]	• 角色形塑	• 同理心
• 邏輯推理	• 時間管理與優序	• 雙贏協商	• 激發信心
• 了解偏見	安排	• 打造鼓舞人心	• 謙虛
• 尋找適切資訊	• 敏捷思考	的願景	• 社交力
		• 組織覺察[i]	
溝通	**精神彈性**	**團隊合作效能**	
• 說故事和公開演說	• 創造力和想像力	• 促進包容性	
• 提出正確的問題	• 轉譯知識到不同	• 激勵不同人格特質	
• 統整訊息[c]	情境	• 解決衝突	
• 積極傾聽	• 採納不同觀點	• 協作	
	• 調適力[c]	• 教練	
	• 學習力	• 賦權	

自我領導		數　位	
自我覺察與自我管理	**企業精神**	**數位流暢與公民**	**軟體使用與開發**
• 了解自己的情緒與觸發 • 自我控制與調節 • 了解自己的強項 • 誠信 • 自我激勵與健全 [s] • 自信 [s, i]	• 勇氣與冒險 • 驅動變革與創新 • 活力、熱情與樂觀 • 打破正統	• 數位素養 • 數位學習 • 數位協作 • 數位倫理	• 程式設計素養 • 資料分析與統計 • 運算思維與演算思維
目標達成		**了解數位系統**	
• 所有權與果斷 • 成就導向 • 毅力與堅持 • 因應不確定性 [e, s] • 自我發展		• 資料素養 • 智慧系統 • 網絡安全素養 • 技術翻譯與支持	

註：e—屬最能正向預測就業（employment）的前三項之一；i—屬最能正向預測高收入（high income）的前三項之一；s—屬最能正向預測工作滿意度（job satisfaction）的前三項之一。

資料來源：Dondi, M., Klier, J., Panier, F., & Schubert, J. (2021). *Defining the skills citizens will need in the future world of work*. McKinsey & Company.

　　Dondi 等人的調查發現，填答者在 13 個能力組中，「軟體使用與開發」和「了解數位系統」兩組的熟練程度最低，「溝通」和「規劃與工作方式」兩組的熟練程度分數也低於整體平均分數。大致言之，填答者的教育程度愈高對未來所需能力的準備度愈佳，和教育程度最高度正相關的前三項 DELTA（數位素養、程式設計素養和資料分析與統計）都落在表 1 中的數位類中，但和教育程度最低度正相關的三項 DELTA（數位倫理、因應不確定性和毅力與堅持）則落在表 1 中的數位和自我領導兩類，更有兩項 DELTA ——激發信心和謙虛——和教育呈負相關。至於 56 個 DELTA 和工作有關結果的關聯如下：和就業可能性最高度正相關的前三項是調適力、因應不確定性及統整訊息；和高收入最高度正相關的前三項

是工作計畫發展、組織覺察及自信；和工作滿意度最高度正相關的前三項是自我激勵與健全、因應不確定性及自信。

簡而言之，未來工作世界中特別需要肆應變動和自立立人的能力，亦即未來人才須能靈活地面對變遷、調適環境和解決問題，也要能有自信、愛成長、會規劃和肯助人。

面對未來人才能力需求該肆應變動和有所行動

數位和人工智慧科技等變項正在驅動工作世界的轉型，而 COVID-19 疫情大流行更在加快這種轉型。新的工作世界需要新的能力，我國政府、雇主和個人從前述 Dondi 等人的報告中，至少可以得到下列的行動意涵：

1. 表列三層式的能力類、組及要素宜作為重要參考，並添加英語文溝通能力

我國未來經濟仍將相當依賴外貿，未來工作人才需要關注如表 1 所列經由跨國研究辨認出來的能力，而且至少須添加全球最廣用的英語文能力。這些能力在我國未來人才發展鏈上的教、考、訓、用各環節都該被高度重視。

2. 偏低的能力有待訓練與發展補強，並有賴學校未雨綢繆及改善和教育程度低度相關或負相關的能力之培養

前述顯現能力熟練程度高低的填答者因已在成人階段，其能力不足部分有待透過訓練與發展（training and development, T&D）加以補強，而尚在學校培育的未來人才則有賴學校教育改善課程、教學和評估等層面及早充實，並關照和教育程度低度相關或負相關的能力之培養。

3. 數量上很發達的大專校院學生在各類、組及要素的能力熟練程度猶待了解

Dondi 等人的報告發現教育程度愈高對未來所需能力準備度愈佳，可正面支持我國大專教育的普及化，但在品質方面我國大專校院學生在表列各類、組及要素的能力熟練程度則猶待加以了解（包括透過個人自我檢核）。

4. 宜鼓勵全球在地化的相關研究與發展使能兼顧全球化和在地化

Dondi 等人的報告是從全球化的觀點切入。我國宜針對國／公民在未來的工作世界需要什麼能力，鼓勵做全球化思考和在地化行動的全球在地化（glocalization）相關研究與發展。但站在 Dondi 等人報告的肩膀上，必須做得更好。

　　詩人紀伯倫（Kahlil Gibran）曾說：「工作就是愛的體現。」（Work is love made visible.）。釐清未來工作世界需要什麼能力，而且成就自己和協助他人具備這些能力，也是愛的體現。

　　　　　　　　　　　　（2021 年 11 月發表於《經濟部人才快訊電子報》）

政策與法制

人才發展的課題

5 總體人力規劃是當務之急

　　「十年樹木」和「百年樹人」常被相提並論。有位很受敬重的國小退休校長就曾說：到日本，搭火車看得到的樹林，含任其自然生長的雜木和有計畫種植的經濟樹木；在臺灣，鐵路兩側的樹林幾乎都是雜木。所以他憂心忡忡地說：我們的「木材」沒做適切程度的有計畫種植，「人才」也沒做適切程度的有計畫培育。

人力質量的供需失衡

　　這位校長的憂心不無道理。例如 2014 年臺大政法中心的「適性分流學制研究」團隊，針對高職 1999-2012 年、大專 2003-2012 年畢業生數量進行統計分析，發現這些年間：高職畢業人數增加最多的群科是餐旅科、外語群和設計群，減少最多的群科是電機和電子群、家政群、機械和動力機械群等；大專畢業生人數增加最多的學門是設計、民生及社會服務，減少最多的是工程、商管和電機。餐旅、設計科系已有人才過剩危機，而資訊和商管類科的畢業生人數供應不足。又如，萬寶華（ManpowerGroup）《2015 年全球人才短缺調查》，57% 臺灣雇主面臨徵才困難，比前一年上升 12 個百分點，增幅創下新高。臺灣雇主最急需填補的前三大職缺為業務代表、技術人員、工程師；雇主也指出缺工主因在於無合適人選或應

徵者。

　　臺灣至少遭遇下列難以管控的趨勢，已經走到了人力危機的邊緣：

1. 少子化和高齡化：臺灣幾乎是全世界生育率最低的國家（2013 年婦女平均一生僅生育 1.065 個子女），而根據國發會推計，臺灣將在 2018 年步入高齡社會（65 歲以上人口占總人口的比例超過 14%），隨即在 2025 年邁入超高齡社會（65 歲以上人口占總人口的比例超過 23%）。

2. 嬰兒潮世代的退休潮：二戰後出生的嬰兒潮世代（1945-1965 年出生者）正在陸續屆齡或提前退休。

3. 勞動參與率偏低且在衰退：臺灣的勞動參與率在亞洲先進國家中相對偏低且在衰退中，主要是青少年就學年限延長和中高齡者提早退休（即晚進早出）所致，例如行政院主計處的《2014 年中高齡工作歷程調查》發現，臺灣曾有工作經驗的 45-64 歲中高齡者中，每三人就有一個已退離職場（指目前已無工作且未來亦不會工作）。

4. 白領移出藍領移入：臺灣外移人才的技術和學歷普遍高於移入人才（即高出低進），以致發生人才外流或知識流失的窘境。

5. 工作性質和所需能力發生劇烈變化：主要是科技進步、組織全球化和新世代的工作偏好，正驅動工作性質和所需能力發生劇烈變化，例如工作場所遷移海外、非典型工作比例增加、機器人正快速取代人工、資通能力需求提高等。

須有講求科學方法的總體人力規劃

　　為解決前述已相當嚴重且正日益惡化的人才質量失衡問題，做好全國性或比現有更跨部會（或領域）、更講求科學方法的總體人力規劃（workforce planning, WFP）是當務之急。這種總體人力規劃須在國家發展的策略性方向及其近中長程的願景與目標引導下，分析當前人力在達成前述願景與目標的挑戰與缺口，再規劃可有效彌平前述缺口的對策。換

句話說，在釐清人力在未來國家發展中所應發揮功能或扮演角色後，人力規劃的程序是：分析當前人力現況、明辨未來人力需求、釐清當前現況與未來需求之間的缺口、規劃和實施有效彌平缺口的對策。倘用「產業」或「組織」等替代前述「國家」二字，則前述國家人力規劃就成為產業人力規劃或組織人力規劃等。

做好人力規劃的國家、產業或組織，才能完成其任務和達成策略性目標，也才能促使適切人員（right people）把握適切時間（right time）、具備適切能力（right skills）以擁有適切工作（right jobs）。所以，人力規劃本身是任何組織、領域、區域和國家都該有所為的適切事務（right things）。臺灣當前的人力規劃欠缺綱舉目張的總體性以致備多力分和見樹不見林，也欠缺講求精益求精的持續性以致人才的選、育、用、留難有依據，規劃方法也不進則退。例如我國經建會（現國發會）曾定期提出《人力發展計畫》多年，各期計畫中包含對長期整體人力供需和就業結構變動趨勢的推估，但已在 2008 年停止辦理。

各種人力規劃都須放進 PDCA 的循環

各種人力規劃的範圍涵蓋人力供需、培育、招募、遴選、任用和留任等等，而且須放進 PDCA（Plan-Do-Check-Act）的循環中解決人力失衡問題和持續改善人力規劃方法。例如前述《人力發展計畫》中所用推估方法與推估結果，理應放進迴圈中加以驗證以求精進。

雖然有計畫不一定會成功，但是沒計畫更不可能成功。當前，政府部門常要求其業管單位採行 PDCA 以確保品質和展現績效責任。但為促進國家發展，總體的人力規劃是相關政府部門該通力合作、劍及履及做好，以確保人才質量和展現績效責任的火車頭工作。

（2016 年 4 月發表於《經濟部人才快訊電子報》）

6

怎樣的高教總體計畫
才有助人才培育

今（2018）年 1 月 18-19 日在臺南舉辦的全國大專校院校長會議，請來美國加州州立大學（California State University, CSU）系統總校長專題演講，演講中提及加州高等教育總體計畫（Master Plan for Higher Education in California，以下簡稱加州 Master Plan）。於是，與會校長在和總統座談中建議：2003 年 4 月行政院高等教育宏觀規劃委員會提出的《高等教育宏觀規劃報告書》已許久，宜跨部會再做高等教育宏觀規劃以利高教發展；總統回應將請行政院研處。大學校院的首要任務在培育人才，怎樣的高教總體計畫才有助人才培育？加州 Master Plan 本身就有許多可供我們借鑑之處。

加州 Master Plan 將公立大學校院布建在能做建設性競爭與合作的諧和系統中

加州在 1960 年採行並有後續修訂的 Master Plan，曾被高教名著之一《大學之用途》（*The Uses of the University*）的作者 Clark Kerr 讚譽為「……這是歷史上美國各州或是世界各國，第一次做出這樣的承諾——州或國承諾為每個高中畢業生或其他合格者準備好進修的場所。」加州大學（University of California, UC）總校長室和加州立法分析人員辦公室

（Legislative Analyst's Office, LAO）的文件指出加州 Master Plan 至少有下列特色：

1. 分成三個系統區分大專教育功能，各有治理的理事會

將公立大專教育分為 UC、CSU 和加州社區學院（California Community College, CCC）三個系統：(1)UC 系統是主要學術研究機構，並提供大學部、研究所和專業教育。UC 擁有公立高教中博士學位和法律、醫學、牙醫與獸醫教學的專屬管轄權。(2)CSU 系統的主要任務在提供大學部和碩士班（含專業與師資教育）的研究所教育。教師研究須對準主要的教學功能。CSU 可授予教育領導的教育博士學位或與 UC 或獨立研究機構合辦其他博士班。(3)CCC 系統的主要任務在提供年輕人和年長者大學部前兩年的學術和職業教學，也提供補救教學、以英語為第二語言（ESL）課程、成人非學分教學、社區服務課程和勞動力訓練服務。治理 UC、CSU 和 CCC 的理事會分別是 UC Regents、Board of Trustees 和 Board of Governors for the Community Colleges。

2. 按照教育功能招收不同學能層學生，並賦予社區學院轉銜功能

確立三種校院招生的準則如下：(1)UC 從高中畢業班學能前八分之一（12.5%）的學生中選才；(2)CSU 從高中畢業班學能前三分之一（33.3%）的學生中選才；(3)CCC 招收任何可從其教學中受益的學生。UC 和 CSU 之低年級（大一、二）和高年級（大三、四）學生人數比例訂為 40：60，以提供社區學院學生轉銜機會。亦即，UC 和 CSU 每招收兩名大一新生，至少須招收一名社區學院轉銜生進大三。

3. 保證加州居民均可入學，且有助學方案協助學生就學

所有加州學生在全州高中畢業班前八分之一或三分之一的居民只要按時申請，都能分別被安置在 UC 或 CSU 系統中（這些居民和成績在範圍外的居民均可進 CCC），儘管校區或主修不一定會是申請者的首選。

UC 和 CSU 學生原先是免學費，只須繳交住宿、停車和娛樂設施等雜費，但從 1980 年代起開始收取學費，但學生獎助學金會伴隨學費調漲而大增。此外，州政府有名為 Cal Grant program 的加州特有助學金方案，協助經濟弱勢但成績好的學生就讀 UC、CSU、CCC 或其他獨立大學校院，這個方案的最大額度會核給就讀獨立大學校院者，如此可局部紓解對公立大學校院的需求。

4. 有高等教育協調及立法機構居中協調，使計畫得以落實和與時俱進

有加州大專教育審議會（California Postsecondary Education Commission, CPEC）定期更新 Master Plan 和協調三大系統中的新設校區和系科。自 1970 年代以來，每 10 年一次的重要立法檢視則由立法機關（偶爾由傑出人士組成的藍帶委員會）進行。

由於有上述特色，已將近 60 歲的加州 Master Plan 被廣泛讚譽為已成功地將公立大學校院布建在能做建設性競爭與合作的諧和系統中。2010 年 Hans Johnson 在其由加州公共政策研究所（Public Policy Institute of California, PPIC）出版的報告指出，放眼 2025 年加州高教有政府預算短缺和大學生供不應求兩大問題，因而建議除了應寬籌經費外，該進行下列 Master Plan 要項的調整以彌平供不應求的學用落差：(1) 逐步放寬 UC 和 CSU 的入學學能範圍（如 UC 從前 12.5% 調到 15%，CSU 從前 33.3% 調到 40%）；(2) 擴大且明定 UC 和 CSU 招收社區學院轉銜生的目標；(3) 增訂著重成果（如學生畢業率）的政策。這些建議也意味 Master Plan 除了與時俱進，還可能歷久彌新。

加州 Master Plan 可供我國高教總體計畫借鑑，制定出可長可久的優質高教政策

加州 Master Plan 是鋪陳加州高教政策的關鍵文件，可供我國高教總

體計畫借鑑的不只政策還有策略、不只目的還有手段。例如加州 UC、CSU 和 CCC 系統在 Master Plan 指導下，學區數和學生數依序呈現低、中、高的正三角形結構，但學生須繳交的學雜費和教師對學術研究的負荷則依序呈現高、中、低的倒三角形結構，以反映社會對實務人才的高度需求，並以甚低的學雜費鼓勵民眾就讀 CCC，成為加州須及時培育出來的實務人才。因而，我國的高教總體計畫可借鑑的要素或工作至少如下：

1. 須制定出可與時俱進和永續發展的政策

我國的高教總體計畫須如加州 Master Plan 一般，既能高瞻遠矚又能使人信服，既能與時俱進又能歷久彌新；因而其人員參與很需要各界傑出人士的卓見，更需要高教專業人士的策劃。

2. 須將公私立大專校院和社區大學都納入範圍

加州 Master Plan 以公立大專校院為主要對象，但我國私立大專校院學校數和學生數的占比遠高於加州，且私校屬性較像準公校而非獨立校，又該賦予社區大學發揮更多功能的機會；因此，宜將公私立大專校院和社區大學都納入範圍。

3. 須考慮機構、學雜費和教師職責的差異化

加州 Master Plan 將 UC、CSU 和 CCC 系統教育功能、學雜費和教師職責等都差異化（如 CSU 和 CCC 教師的教學負荷比 UC 高，CCC 教師採單一級）的政策和策略，有待我國適切參探，並使須及時因應需求的實務人才教育或訓練有最多的公共資源挹注。

4. 須有必要的協商和入法程序

加州 Master Plan 的立法通過和後續修訂是經過綿密的協商而成，且其中的重要政策均已入法；我國高等總體計畫宜借鑑其協商和立法歷程。

（2018 年 2 月發表於《經濟部人才快訊電子報》）

7 證照法制化既是藥也是毒

最近筆者和一些技專校院校長去參訪一家生產精密零組件行銷全球、也和好幾所學校合辦各種建教合作班次的公司，當時廠房內電子看板正輪播擁有相關技術士證照的員工，公司負責人指著電子看板說：我們重視的是能力，不是學歷。

這位負責人進一步表明當今學歷不等於能力，職業證照比畢業證書更可作為能力的證明。所以，該公司在所需證照大多不是法規要求執業必備（即非證照法制化）下，已主動積極鼓勵員工和建教班學生取得。

監察院教育及文化委員會曾在 2012 年 7 月 12 日通過糾正行政院的提案，案由重點之一是「未能積極落實證照法制化，以促進證照制度及技職教育之健全發展。」其提案事實與理由中指出「未來若能落實證照法制化，非但可保障各專業的品質，對技職校院學生而言更有取得證照的動機。」此後，證照法制化（即證書執照化）更受到重視和討論。

證照法制化適量是藥

但是，證照法制化像喝酒：「適量是藥，過量是毒。」（A little is medicine, too much is poison.）不但不可過量，還該善用替代方案。就「適

量是藥」而言，證照法制化的好處至少如下：

1. 改善從業品質和保護消費大眾

證照法制化常立意於改善從業品質和保護消費大眾免受不勝任或危險從業人員之害。因此，對低品質從業人員可能造成重大傷害，或消費者難以事先判斷所需服務或產品提供者之品質的專、職業，就特別需要證照法制化。而法制化也會因強制從業人員須符合證照所定品質標竿，而促進教育、訓練與發展等改善品質的投資以利證照之取得、更新或升級。

2. 提高從業人員專業程度和社會地位

證照法制化是政府對從業人員工作資格的干預，因此取得證照常被視為專業化和合法化的表徵，從業人員可因工作和影響力被認可乃致收入增多而提高社會地位。

證照法制化過量是毒

再就「過量是毒」而言，證照法制化的負面影響至少如下：

1. 提高求職及求才困難度

像醫師、律師、會計師、水電工和職業駕駛等人員執業不當時，可能對人們造成重大的負面影響。所以大多數已開發國家都有法規要求這些和公共安全、健康、道德等關係緊密的執業人員須持有專、職業證照，以避免不勝任或危險人員執業而危害公共利益。但一旦法制化，證照就成為執業人員入門的門檻或障礙，會提高個人求職（含跨區執業）和雇主求才的困難度。例如 2015 年 Bandow 在其〈結束證照化以復甦工作自由〉（End Licensing to Revive the Freedom to Work）短文中即批評：美國人擔心沒工作機會，政府卻在讓人民更難以工作，因為全

美已有超過 1,100 個專、職業被一個以上的州規範爲須持有執照才能執業。在 1950 年只有不到 5% 的美國人工作須官方許可，到 2015 年已提高到 25% 左右（即增多爲原有五倍）。

2. 提高服務及產品價格

續前述，證照法制化後，通常會因求職及求才困難度提高，導致有照從業人員的收入提高，但成本會轉嫁到消費者身上。例如 Bandow 在其前述短文中指出：證照法制化明顯是在懲罰消費者，美國因證照法制化而使服務及產品價格提高的幅度平均爲 16%。

法制化或去法制化前，可優先考慮其他替代方案

因此，證照法制化絕非單純有益無害，而須在公共利益與工作自由之間、工作者權益和消費者福祉之間取得平衡。2015 年美國白宮在其〈職業證照化：決策者的綱領〉（Occupational Licensing: A Framework for Policymakers）即指出美國證照化的最佳實務是：(1) 侷限在和公共健康和安全緊密關聯的專、職業，以減輕工作人員的證照負荷；(2) 運用證照化法規的成本效益評估結果，減少沒有必要和過度限制的證照數量；(3) 盡可能調和州際間的法規要求，以提高工作人員的州際流動力；(4) 立基於讓從業人員的職能發揮到極致，以確保所有的合格人員都能執業。換句話說，美國朝野正在倡導證照去法制化（de-licensing）而非證照法制化（licensing）。

而且任一證照在法制化或去法制化前，可優先考慮其他替代方案，替代方案至少如下：

1. 志願持照：如本文開頭提及的公司大多數工作是持有證照和未持有證照者均可執業，公司針對持照者予以獎賞，也對外公開其員工持照情形以彰顯其服務與產品品質；持照者亦能運用證照賦予的頭銜。目前我國

多數證照已是如此運用。

2. 註冊登記：由政府部門或其委託單位在設定某一專、職業的最低標準後，開放合於標準者註冊登記。

3. 提供擔保：雇主或工作者透過投保或非保險基金，提供工作品質和顧客補償的擔保。

4. 直接監督事業單位：即透過法規直接要求事業單位（如酒吧）確保品質和安全等，而不以其員工持照為必要。

　　總而言之，我國推動證照法制化的力道該轉為用在證照改革（如落實職能分析與評估、檢討及改善現有證照的公信度與時宜性），也該善用證照法制化的替代方案，以免治絲益棼，把證照良藥變成毒藥。

（2016 年 5 月發表於《經濟部人才快訊電子報》）

8

政府機構加強策略性
人力資本規劃的取向

　　人力資本（human capital, HC）是人員所擁有而有助其個人、社會和經濟福祉之創造的知識、技能、才能（知識和技能的統合表現）及屬性（如主動性、積極性），這種資本直接影響組織的生產力和獲利力，所以對組織具有經濟價值，而被視為是促進組織效能的策略性資產（Cascio, 1991; Keeley, 2007）。俗話「萬貫家財不如一技在身」就是將可養家活口或開創財富的「技藝」或「能力」當作人力資本；因為自然、財務、社會和製造等其他資本都有賴人力資本加以開發、運用和維護等，所以也有俗話「事在人為」可用以提醒人力資本的重要性。就一個組織或機構而言，其人力資本即是其全體人員為達成組織目標所需知識、技能、才能及屬性的統合（或集合）。

　　每顆石頭都有它的形狀和個性。石屋是石頭砌成的，可是光是石頭聚在一起只是石堆。石頭需要經過選取，甚至加工、利用，使其各就各位，才能成就石屋。組織比石屋、人員比石頭更具活力與動態，所以組織的人力資本需要比蓋石屋更妥為規劃，才能有效促進組織效能。本文借重文獻介紹政府機構加強策略性人力資本規劃的取向。

政府機構人力資本的管理特別艱難，人力資本規劃相對重要

IBM（n.d.）調查 320 名和訪談 160 名人力資源部門主管，並檢視 23 個政府機構後，在《政府人力資本管理：來自 2005 年全球人力資本研究的產業洞見》報告中開宗明義指出：新科技、競爭壓力和與日俱增的顧客期望正驅動所有組織變革。但對政府機構的人力資源主管而言，變革的旅程特別艱難。他們遭遇與其他人力資源從業人員相似的課題：招募、留才、訓練、工作設計、成本管理、人力規劃，當然還有文化變革。但是多年來的經費不足、過時法規和簡單慣性，一直造成政府員工和組織比非政府員工和組織更難以重塑自己以迎向當今的挑戰。抗拒變革在政府機構是常見的，而私部門的員工相對更習慣在變遷的自由經濟中轉變。

前述報告也特別標舉下列重點：(1) 就政府機構人力的現有能力集合而言，政府機構回應公民不斷提高之服務需求的能力有不足的風險；(2) 政府員工正面對工作負荷加重和公民之服務需求顯著提高的挑戰；(3) 政府機構的年齡金字塔挑戰在於有一個世代快要退休而有流失某些重要能力的風險；(4) 政府機構領導人務必建立其人力資本概覽（profile）的基線、建立未來人力需求的企業案例和在機構策略中進行有標的的投資，以吸引、發展和留住符合機構任務和目標所需人才；(5) 由政府機構內不同領域參與擬訂機構的策略性計畫，以促成全員參與落實承諾是很重要的。

我國政府機構也遭遇前述 IBM 報告中所指出的所有相似挑戰，尤其我國的公務人員在全球公務人員中的保障程度相對居高，所以普遍更不習慣於做必要的變革，因而更需要妥適規劃人力資本，使人力資本策略和機構的任務與發展相需相成。

人力資本規劃的主軸須著重在透過人力資本方案的分析、規劃、投資和管理，使人力資本策略和機構的任務與目標相互校準

　　人力資本計畫（human capital plan）是機構為達成其策略性計畫中所擬定之共同願景而設計的人力資本政策、方案和實務等環環相扣的架構，這種計畫是機構持續改善的路線圖和轉化其文化與營運的框架。而人力資本規劃（human capital planning）則是制訂人力資本計畫的方法或程序。規劃不僅須重視目的──要完成什麼，也須重視達成目的的手段──如何完成。落實妥適的人力資本計畫才能透過招募、聘僱、激勵和酬償優質人力，建立高效能的組織（OPM, 2005）。美國公共服務夥伴的私部門委員會（Private Sector Council, 2006）主張策略性人力資本計畫的綱要如下：

1. 任務

簡要描述貴機構之任務及其對全國人民的重要性。著重：你的工作單位會如何支持貴機構的整體任務？

2. 工作單位的挑戰

在短期（即未來 1 到 3 年）和長期（即未來 3 到 5 年）內，會有那些重要的任務挑戰可能會影響貴工作單位？著重：(1) 你為什麼認為這些挑戰是最重要的？(2) 這些挑戰將如何影響貴單位對貴機構任務的貢獻？

3. 人力挑戰

著重：(1) 貴工作單位目前需要那些類型的員工，來達成任務及因應重要挑戰？（注意：描述可對組織任務做出貢獻的員工作為。）貴單位需要那些其他資源（如約聘僱人員）？(2) 貴工作單位的未來人力該為何種類型（如具有某種技能／能力的員工、更多的員工、更多的約聘僱人員）？這些人員需要做些什麼不同於當前的人力，以確保未來任務成功？(3) 那些趨勢可能影響貴工作單位招募、聘僱、培養、激勵和留住

所需員工的能力（如退休、流失、有限技能的競爭）？（注意：宜提供可提供的任何相關資料。否則，請描述可突顯所描述之挑戰的資料。）(4) 如果這些人力趨勢尚未獲得解決，對組織的任務有什麼影響？（注意：宜以引人注目的方式描述這些影響，使這些影響引起決策者或一般國人的共鳴。）

4. 解決方案

通常描述正在進行的和已規劃的舉措（全工作單位和全機構）以因應這些挑戰。誰負責這些步驟？這些步驟安排在何時完成？著重：(1) 可能需要那些其他解決方案？(2) 定義此次人力資本規劃成功的境界。你最想看到什麼結果或變化？

5. 資源和投資

著重：(1) 實施這些解決方案需要那些預算資源？(2) 這些解決方案是否有預期的短期和長期成本節約／收益？

然而，美國人事管理局（OPM, 2005）指出策略性人力資本計畫的結構、內容和形式會因機構別而變化（表 1 為美國兩政府機構策略性人力資本計畫目錄之對照），但下列 4 項是組織或機構共通的關鍵要項：

1. 策略方向

須廣泛了解組織的策略性和績效計畫、預算限制、影響人力資本需求的內部和外部驅動因素、當前人力的補充，以及顧客和利害關係人有關人力資本的知覺和需求。本步驟從蒐集和審視策略性文件和人力資訊開始（如人力的人口調查型資料、人力分析）。資料也可蒐集自顧客、利害關係人和主要高階主管，以了解他們的需求和挑戰。在過程中務須發展出對未來所需人力的願景，以便匡列出達成組織策略性當務之急的人力資本欲求狀態。資料蒐集著重在確認和人力願景與核心

人力資本功能有關之「目前」（current）和「欲求」（desired）狀態差距的關鍵主題。這種資訊會被摘略在計畫前言中，並視需要呈現在附錄或附件中。

2. 人力資本目標

前述策略方向協助確認主題或廣泛的人力資本目標。這些主題可作為發展計畫的基石。這些目標往往是按主要人力資本系統（如人才、績效管理和領導力）分類。

3. 實施計畫

描述執行策略或達成目標所需的行動，可在不同層級的實施計畫規劃不同層級的細節。這種計畫描述：(1) 將要發生的工作或活動；(2) 誰來負責；(3) 所需資源（如人力、財務）和 (4) 進度表。

4. 績效責任制

績效責任制（即課責／問責制）確認實施策略或達成目標的成功程度要如何評量和追蹤。此外，具體的標的也可由描述所需績效層次和改善速率加以確認。這種評量一方面有助於驅動欲求的行為並指引他人需要完成什麼任務，另一方面則可測試組織朝向達成目標的進展情形。

換句話說，人力資本規劃的主軸須著重在透過人力資本方案的分析、規劃、投資和管理，使人力資本策略和機構的任務與目標相互校準（OPM, 2005）。我國政府機構普遍欠缺這樣的策略性人力資本計畫，因而有必要參酌上述結構與立意，進行策略性人力資本規劃，並將計畫納入PDCA（Plan-Do-Check-Act）的品質管理循環中。

▶ 表 1 ▶ 美國兩政府機構策略性人力資本計畫目錄之對照

能源部（DOE） 2016-2020 年策略性人力資本計畫	航太總署（NASA） 策略性人力資本計畫
1. 前言（Introduction） 2. 能源部任務與策略性計畫（DOC Mission and Strategic Plan） 3. 能源部人力資本處任務與組織（OCHCO Mission and Organization） 4. 策略性人力資本目標與校準（Strategic Human Capital Goals and Alignment） 5. 策略性人力資本計畫之制訂（Developing the Strategic Human Capital Plan） 6. 策略性人力資本結果（Strategic Human Capital Outcomes） 7. 成功的界定和評量（Defining and Measuring Success） 8. 實施策略（Implementation Strategies） 9. 年度人力資本計畫（Annual Human Capital Plans） 10. 資料附錄（Data Appendices） 11. 文獻（Bibliography）	1. 前言（Introduction） 2. 驅動因素（Drivers） 3. 航太總署策略性人力資本結構與改善措施（NASA Strategic Human Capital Architecture and Improvement Initiatives） 4. 實施（Implementation） 5. 評量（Measurement） 6. 結果的績效責任（Accountability for Results） 7. 附錄（Appendix）

資料來源：NASA, n.d.; Office of the Chief Human Capital Officer, 2016.

機構擬訂未來人力資本計畫的目的與手段時，也須關切全球人力資本的發展趨勢

　　機構的策略性人力資本計畫須能經濟有效地彌平「目前」和「欲求」狀態的差距（或缺口）。在規劃機構未來人力資本的目的與手段時，也須關切全球人力資本的發展趨勢。Deloitte Development LLC（2017）的《2017 人力資本趨勢：政府觀點》報告，指出全球政府機構正處於經

濟和社會轉型、科技加速變化、職業期望升高當中，政府領導人被迫改寫
如何組織、招募、培養、開發、管理和活絡 21 世紀員工的「規則」。因
此，該報告呈現下列 4 組（編碼 1 至 4）10 個趨勢（編碼 1.1 至 4.3）和
對應各趨勢的新規則如下：

1. 準備未來的領袖和組織

1.1 被打亂的領導力培養正推開界限

領導力培養不再侷限於訓練班制。領導人需要在適切的組織環境培
養，特別是在組織大規模過渡期間，更需要有能鼓勵知識分享、冒
險、創新和成長的職場環境。政府機構應該在眞實世界的場景中吸引
高潛力的領導者，讓他們接觸到創新和數位連結，以發展出能培養數
位世界領導者的管道。

新規則：創新和冒險是政府領導者有效培養領導力的關鍵。

1.2 未來的組織正在到來

由於人員大幅退休、領導力變革以及對專精能力的需求不斷增加，政
府正面臨前所未有的人力缺口。爲了推動創新期使以較少人做較多
事，政府機構可將數位科技與群眾外包（crowdsourcing）、科技組織
設計和設計—思考實務等概念一起運用。隨著數位時代的進步和科技
的進展，政府機構應考慮如何利用數位工具，重新部署執行交易型工
作的人員到更以機構任務爲中心的工作，以提高效率和參與度。

新規則：未來的組織是有數位心態的組織。

2. 建立新的人才管理策略

2.1 人才招聘進入認知招聘系統時代

隨著政府中人力高齡化和年輕世代的增多，吸引並留住頂尖人才以達
成機構的任務是重要的。政府機構應透過創意行銷策略預應地將自

己形塑成活絡參與的地方。他們也可以使用現代化人力資源系統和方法，以有效地尋覓和定位準員工，縮短自收到簡歷到聘僱的時間。

新規則：政府機構應該創造性地重新形塑自己的品牌和善用現代化的人力資源系統，以利迅速吸引和聘用人才。

2.2 多元與包容之間有現實差距

多元和包容（diversity and inclusion, D&I）的草根努力（尤其盛行在全國性的社會運動中）可改變 D&I 措施在組織中的設計和實施的方式。D&I 不再只是平等，而是事關思想的多元化，以及員工從領導力的角度策略性地將包容思考爲達成任務的要件。

新規則：多元和包容不再只是平等，而是達成任務的關鍵。

2.3 績效管理須是必勝王牌

在當今人力多元化和不斷演變中，績效管理不應該被視爲單一尺碼即可適用各場合的對策。爲了滿足員工的現代需求，未來的績效管理應該是即時的、持續的以及混合正式和非正式的檢核。這將有助於管理者和領導者查看、識別和提升績效。績效管理應該是一種激勵有助任務達成之特殊表現的關鍵驅動器。

新規則：未來的績效管理應該是即時的、持續的以及被視爲激勵達成任務的關鍵驅動器。

3. 布建員工賦權、參與和成長的經驗

3.1 須改善員工的文化、參與和超越經驗

過去 10 年政府人力經歷了員工管理的波動，但以美國爲主的聯邦員工觀點調查資料顯示參與度上升緩慢，仍遠遠落後於私部門機構。政府機構應布建和重新設計員工的端點到端點（從尋覓、招募到就職及退休）經驗。此外，隨著政府機構爲數位時代重寫「規則」，視員工爲

顧客會正向影響員工參與的潛力且終能改善內、外部顧客的經驗。

新規則：將員工視爲內部顧客，產出「後台」驅動「前台」的眞實顧客體驗結果。

3.2 重視即時和隨時的職涯和學習

傳統上政府提供員工的訓練重在於入職、達成規定要求以及爲當前角色建構能力，而非幫助員工探索新能力、導航職涯或根據他們自己的興趣。學習現在被看作是持續歷程，而非偶然事件；是整個組織的責任，而不只歸責於人力資源。要滿足現代人力的需求，政府機構應該從員工「訓練」轉移到「學習」，提供即時學習機會，使員工能夠探索新的能力和興趣。

新規則：政府機構應提供即時學習機會，讓員工能夠探索新的能力和興趣。

4. 促使數位、人員分析和未來工作發揮槓桿作用

4.1 促進數位人力資源平台、人員和工作

2017 年可能是智慧科技擅場，促使即時系統導致人力資源革命的開始。未來會從依賴關鍵人員或手動輸入的人力資源系統，走向系統建立在知識平台上，可以與員工進行現有各種方式（即通過網際網路、即時訊息、APPs 和甚至手機簡訊）的溝通。

新規則：使未來人力資源發揮數位平台的槓桿作用，能和員工以他們的方式（線上、即時和多管道）溝通。

4.2 借重人員分析術，重新計算路線

在資料驅動的世界中，人員分析術正被用在幫助做出工作和資源決策。使用分析術來支應人力策略的各部分——從招聘到 D&I、到效益標竿和到接班人計畫——對幫助達成機構任務和導引未來工作至爲重要。

新規則：人員分析術可幫助機構把人力配置和人才吸引做得更好。

4.3 未來的工作須擴增的人力

利用自動化、認知工具和運算手段，使創新科技發揮槓桿作用，協助員工從執行例行工作轉移到執行真正的關鍵任務活動。這些不是要取代員工的角色，而是用科技補充日常工作的本質。運用群眾外包、借重兼職和權變人力等概念促進人員跨機構工作，已經在一些機構中發揮作用。

新規則：認知工具、自動化和人力擴增可精緻化人員跨機構工作的方式。

顯然，Deloitte Development LLC（2017）的上述 4 組 10 個趨勢指出，政府機構的策略性人力資本規劃該重視統合的實然與應然趨勢，例如員工與機構統合、數位科技與人力統合、跨部門人力統合……，使統合產出一加一大於二的綜效（synergy）。

以上本文借重文獻，主要指出政府機構比私部門組織更需要妥適規劃人力資本，使人力資本策略和機構的任務與發展相需相成。進行策略性人力資本規劃時，有必要參酌文中介紹的結構與立意，並將計畫納入 PDCA 的品管循環中。而文中所介紹的全球政府人力資本趨勢，也可供政府機構規劃其人力資本計畫目的與手段之參考。

參考文獻

Beames, C. (2011). *Beyond workforce planning–Why your organisation now needs a human capital strategic plan–The missing link in workforce /talent management.* WRDI Institute Pty. Ltd. https://www.zenmgt.com/wp-content/uploads/2011/08/Human-Capital-Strate gic-Plan-Whitepaper1.pdf

Cascio, W. F. (1991). *Costing human resources: The financial impact of behavior in organizations* (3rd ed.). PWS-Kent.

Deloitte Development LLC. (2017). *2017 human capital trends: A government perspective.* https://www2.deloitte.com/content/dam/Deloitte/us/Documents/public-sector/u s-fed-2017-government-hc-trends-supplement.pdf

IBM Business Consulting Services. (n.d.). *Human capital management in government: An industry insight from the Global Human Capital Study 2005.* IBM Corporation. https://www-05.ibm.com/services/bcs/at/government/download_gov/hcm_in_g overnment.pdf

Keeley, B. (2007). *Human capital: How what you know shapes your life.* https://www.oecd.org/insights/ humancapitalhowwhatyouknowshapesyourlife.htm

National Aeronautics and Space Administration (NASA). (n.d.). *NASA Strategic Human Capital Plan.* https://www.hq.nasa.gov/office/hqlibrary/documents/o53010409.pdf

Office of Personnel Management (OPM). (2005). *Key components of a strategic human capital plan.* https://www.opm.gov/policy-dataoversight/human-capital-management/reference-materials/strategic-alignment/k eycomponents.pdf

Office of the Chief Human Capital Officer. (2016). *2016-2020 Strategic Human Capital Plan.* https://www.energy.gov/sites/prod/files/2016/ 03/f30/DOE-Strategic-Human-Capital-Plan-2016-2020.pdf

Private Sector Council (PSC). (2006). *Develop an effective strategic human capital plan: A process overview for federal executive.* Partnership for Public Service.

（2018 年 4 月發表於《T&D 飛訊》，第 241 期，頁 1-16）

9 美國聯邦政府職能建模的經驗與意涵

　　我國考選部掌理的國家考試，分為公務人員任用資格考試（簡稱公務人員考試）與專門職業及技術人員執業資格考試（簡稱專技人員考試）兩大類，各依用人機關與專技執業需求而劃分為約 800 種考試類科，每年共舉辦 19 次左右。現行公務人員考試設置新增類科處理要點中明定用人機關擬設置新增類科時，應闡明其核心職能、工作內容等，送請考選部審核。而現行《專門職業及技術人員新增考試種類認定辦法》則明定各職業（目的事業）主管機關研議新增專門職業及技術人員時，應提擬的專門職業及技術人員考試種類需求說明書中，須含「執業範圍為何？」與「核心職能為何？」等。換句話說，國家考試的屬性是職能本位評估（competency-based assessment）——根據工作要求所進行的應考人能力評估。工作要求通常在職能模型（competency model）中界定，職能模型建置得好才能作為國家考試選拔人才的適切框架。

　　我國考選部曾於 2011 年 4 月起至 2013 年 12 月間，邀集 26 個用人或職業主管機關，共同完成了 178 類科的職能指標建置及其內涵分析。但該批職能分析工作完成迄今已逾 8 年，各種考試之類科設置、職務項目及內容或有變化，為使各類科職能指標及內涵能與時俱進，將配合現行各考試類科設置情形進行檢討（考選部，2021）。政策或實務的檢討宜學

習國際所長、體察國內環境加上獨到見解。就其中國際所長而言，職能評估的倡導起源於美國，美國聯邦政府人事管理局（U.S. Office of Personnel Management, OPM）和勞動部（U.S. Department of Labor, DOL）都有大規模職能模型建置（即職能建模／competency modeling）的經驗，值得我國公務人員及專技人員職能建模參考。緣此，本文目的在介紹美國人事管理局和勞動部職能建模的經驗（著重在程序與結果），以及提出可供我國參考的意涵。

為何需要職能、職能模型與職能建模？

1970 年代，美國哈佛大學教授和 McBer 公司創辦人 David McClelland（1973）發表了倡導職能的經典論文〈該測試職能而非智力〉。McClelland 根據研究發現指出傳統的學術性向和知識內容測試雖可有效預測學術表現，但鮮少能預測傑出的工作崗位上之績效。並指出工作崗位上之績效表現的最佳預測因子是被稱為職能（competency）的特質和行為（Vazirani, 2010）。之後，職能受到世界各國廣泛的推廣、研究與發展，McClelland 的論點到目前仍然普受認同，半個世紀以來職能已演進成為人才發展教、考、訓、用（或整個人力資源生命週期的人力規劃、訓練／學習與發展、績效管理、招募、甄選、任用和升遷等）各環節之間的共通語言。

1. 擁有職能才能展現績效，明辨職能才能做好溝通

原先在英國，職能較常用 "competence"（複數為 "competences"）一詞來指稱與職業績效有關的標準範圍。職能被定義為運用知識、理解、實務和思考技能，以達到就業所要求標準之有效績效的才能（ability）。在美國，職能較常用 "competency"（複數為 "competencies"）一詞來指稱可區分出績效卓越者與績效尚可者的行為特徵（characteristics）。換

句話說，"competence" 和 "competency" 都著重可觀察和可評估的才能，但是英國的 "competence" 較著重在執行工作角色所需，是任務功能取向；美國的 "competency" 較著重卓越和優異的歸因，是人員行為取向。可是到 1990 年代，上述這兩種取向的差異就變得模糊了（de Beeck & Hondeghem, 2009）。

時至今日，職能的各種定義雖仍不盡相同但已大同小異，是指一組勝任工作角色或展現工作績效所需的知識（knowledge, K）、技能（skill, S）、才能（ability, A）或其他特徵（other characteristic, O）──KSAO。KSAO 之簡要定義如下：

(1) 知識（K）：有組織的資訊體，本質上通常是有組織的事實、原理和程序，可廣泛應用在多種情境而有助工作績效的達成。

(2) 技能（S）：針對人員、資料和／或事物所進行的手動、口語或心智上的操作或控制，可促進跨工作的學習和活動之績效表現。

(3) 才能（A）：綜合運用相關的知識（K）、技能（S）和其他特徵（O），展現執行工作功能之力量的行為表現。是個人影響績效表現的持久屬性。

(4) 其他特徵（O）：前述 KSA 之外動機與參與面向的預測性屬性，包含（但不限於）人格特質、自我概念、態度、信念、價值和興趣等。

在上述 KSAO 中，KSA 常被比喻為冰山水面上的能見部分，O 是冰山水面下的隱藏部分；其中 A 又是 KSO 的綜合應用和具體表現，直接關聯績效（見圖 1）。許多重要文獻支持才能具有統合和行動屬性，例如目前全世界已有超過 150 個國家建置有某種類型的國家資歷架構（national qualifications framework, NQF），其中由歐盟建置的歐洲資歷架構（European qualifications framework, EQF）中，各級資歷的學習結果是以知識、技能和責任與自主三大項描述，當中「責任與自主」（responsibility and autonomy）係指學習者自主且負責運用知識與技能

的才能（ability）。亦即，EQF 也將才能界定為是知識與技能的運用，才能愈高在工作角色上可承擔責任和自主工作的程度愈高。而工作角色（role）、職責（duty）、任務（task）和職能關係的舉例如圖 2 所示。

▶ 圖 1 ▶ KSAO 及其和績效的相對位置

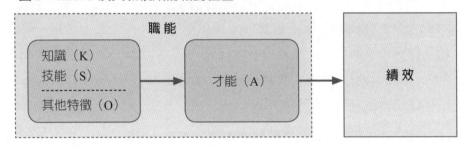

▶ 圖 2 ▶ 工作角色、職責、任務和職能的關係舉例

- 角色——如職業汽車駕駛
- 職責——如維護車輛
- 任務——如檢查油水電
- 職能——如檢查機油面高度

OPM（2021b）將職能定義為個人成功履行工作角色（或職業功能）所需的技能、知識、才能、行為和其他特徵的可評量形式。一般職能反映在各種職業中的工作表現所需的認知和社交能力（如解決問題、人際能力）。另一方面，技術職能則更為具體，因為它們是針對明確工作系列（如工程）或職位的特定知識和技能要求。OPM（2021a）認為任務和職能是聯邦政府各種職業中展現成功績效的最重要資訊，所以須加以蒐集和明辨以提供聯邦人力資源政策制定所需資訊、協助員工職涯發展，和幫助組織進行人力規劃、甄選和績效管理。

綜上所述，員工擁有職能才能展現績效，明辨職能才能在相關的人力規劃、訓練與發展、招募與甄選、任用與升遷等政策與實務的討論

上，做好溝通。

2. 職能模型既傳達對員工的期望，也揭示職涯成功的標竿

職能模型（competency model）是有效展現工作績效所需職能的集合（SHRM, 2021），有時也被稱為職能架構（competency framework）。經職業分析完成的職能模型可為所有或部分（如領導職位）職業之人員甄選、職涯發展和績效管理的工具設計奠定基礎。Campion 等（2019）指出將組織策略轉譯為員工行為是職能模型的最重要功能之一。常見的工作說明書（job description）雖然和職能模型相似，也描述員工在工作中須做些什麼，但說明書描述的是工作上所需能力的一般摘要，模型則呈現員工在工作崗位上必須做到才能成功的明確行為（Valamis, 2021）。

職能模型並無標準格式，被 Valamis（2021）譽為職能模型最佳實務的 SHRM 職能模型（適用於人力資源專業人員發展；SHRM 是擁有分屬 165 個國家共 30 多萬名人力資源及企業主管會員的美國人力資源管理協會）中共有九項職能，各項職能含表 1 所列的六個要素。表 1 至少有下列三點值得注意：(1) 職能的四個元素固然是 KSAO，但由 KSAO 統合的職能須具可評量的屬性，所以在表 1 中的「行為」指員工須能展現的行動，亦即賴以執行任務的才能。(2) 表 1 中涉及分層時，各層組成數量之上限宜為五至九個（即 magic number 7——7±2），例如 SHRM 職能模型中的職能數量是九個。(3)SHRM 職能模型中的關鍵行為是標竿卓越績效人員，而非平均或底限績效人員。

職能模型依其目的有許多類型，例如：呈現組織要求所有員工必須具備之基本能力與行為的核心職能（core competency）模型、呈現特定工作角色（如餐廳服務員）明確能力與行為的功能職能（functional competency）模型、呈現主管和管理相關角色之領導能力與行為（也可用於須領導他人的任一工作職位）的領導職能（leadership competency）模型（Valamis, 2021）。Centranum Group（2019）採用結構複雜度和用語精細度兩個向度劃分職能模型的類型如圖 3 所示：前述核心職能模型落在結構複雜度和用語精細度都低的第 III 象限；功能職能模型落在結構複雜度低但用語精細度高的第 II 象限；領導職能模型落在結構複雜度高但用語精細度低的第 IV 象限。

▶ 表 1 ▶ SHRM 職能模型中各項職能包含要素

要　素	說　明	舉　例
標　題	職能的名稱	人力資源知識
類　群	歸類在職能下的職能群集	技術
次職能	含在較寬廣職能中的 KSAO 之較小群集；是較寬廣職能的一部分，以較明確的方式呈現；所有次職能的聚合即為上一層的職能	策略性企業管理
關鍵行為	最勝任工作之專業人員執行工作所運用之各項職能的關聯行為	對相關法規和規則與時俱進
熟練標準	在 4 個職涯層級（初級、中級、資深級和主管級）上，和各層級各職能之績效有關的明確、適切工作行為	辨認改善作業效率的方法（初級）

資料來源：SHRM, 2016.

▶ 圖 3 ▶ 六類型職能模型依結構複雜度和用語精細度之定位

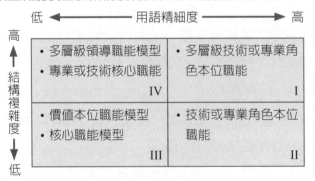

資料來源：Centranum Group, 2019, p. 8.

職能模型在私部門的運用成效鼓舞了職能模型和職能建模在公部門流行起來（Monang et al., 2016）。「建模」（modeling）是建置或建立模型，模型的具體呈現方式，可以是數學式、圖畫、表格、雕塑等等。所以，職能建模（competency modeling）是指職能模型的建置，主要是工作崗位上成功執業所需 KSAO 的辨認、定義與呈現，乃至延伸至對模型的應用做出建議，職能建模的結果即是職能模型。職能建模是人才發展教、考、訓、用（或整個人力資源生命週期的人力規劃、訓練／學習與發展、績效管理、招募、甄選、任用和升遷等）政策與實務的奠基工作，職能建模做得紮實才不會讓上述政策與實務「在浮洲建高塔」。例如建模須遵守職能分析取材第一手資料原則：現職專家工作者（expert worker）比其他任何人更能準確地描述和定義他們的工作，而定義工作的有效方法是精確地辨識這些專家工作者所執行的任務及執行任務所需的 KSAO，職能分析務須以卓越績效（或平均績效；但標竿卓越可有更大的適用幅度）的現職工作者當內容專家（SME），但可輔以其直屬主管的加入以擴大視野和展望未來（賴春金、李隆盛，2011）。

綜上所述，職能模型既傳達對員工的期望，也揭示職涯成功的標竿。須依照需求做好職能建模的基礎工作。

美國人事管理局（OPM）職能模式採馬賽克（MOSAIC）系統法建模

OPM 在 1990 年代初期到 2000 年代初期 10 年間，先後進行了六次聯邦政府的工作分析研究（即職業分析），這些職業分析都採用馬賽克（MOSAIC, multipurpose occupational systems analysis inventory—closed-ended／封閉式多用途職業系統分析盤點）系統，建置職能模型。馬賽克

是多重目的和調查本位的工作分析（job analysis）法。其進行步驟可簡要說明如下（Rodriguez et al., 2002）：

1. 探討文獻和工作文件

本步驟目的在針對各職群發展出綜合的職能和任務清單。文獻含組織和心理學文獻、已發表的工作分析研究文獻、該職群未來趨勢與工作條件、推估未來角色工作要求，文件則含公私部門組織的當前工作說明和徵才啟事。經探討發現的所有 KSA（知識、技能與才能）、職能和任務都納編在資料庫，再經關鍵字分類產出同次研究中所有職業執行工作所需職能與任務清單初稿，初稿經內容專家（subject matter expert, SME）組成的焦點團體審查後定稿（例如在辦事員與技術類 77 個職業分析中，由資料庫中的 10,000 個任務和 500 個 KSA，經以上程序只篩選出 170 個任務和 31 個職能），作為職群調查的共同語言。

2. 選擇評分量尺

本步驟目的在選擇給職能和任務評分的量尺以確保調查中的資訊適用於不同的人力資源功能並符合專業和法規要求。由於調查較長，量表區分為在職人員適用和主管適用。例如在行政職業分析中，在職人員被要求就各任務在花費時間的量尺上評選，其主管則被要求就各任務對員工職業成功之重要性的量尺進行評分。典型的調查包含下列的職能評分量尺：重要性（用於多種人力資源目的）、入門要求（用於招募和甄選）、鑑別價值（用於甄選和績效管理）和練訓需求（用於職涯發展），也包含任務重要性和頻率或花費時間（用於多種人力資源目的）的量尺。舉例言之，在專業和行政類 119 個職業分析中，被選用的員工量尺含：任務執行頻率（0－沒執行，1－每幾個月至每年一次……5－每小時一次至多次）、職能重要性（1－不重要……5－極重要）、職能訓練需求（1－無須訓練……4－不知道／非從事本工作）；被選用的主管量尺含：任務重要性（0－沒執行……5－極重要）、職能重要性（1－

不重要……5－極重要）、職能在入門時的要求（1－不需要……4－必要，因沒本職能的人無法再由後續訓練和經驗中習得）、職能鑑定價值（1－沒價值……5－極價值）、職能訓練需求（1－無須訓練……4－不知道/非從事本工作）。

3. 連結任務與職能

本步驟目的在將任務連結其所需執行的職能，以確保職能和任務清單的綜整性。在前述步驟完成的任務與職能之陳述由一組研究心理師進行著重連結度的審查及作必要修訂後（例如：發現某一職能沒連結任何任務時，即表示遺漏了某任務或該職能不該被納入），職業調查的職能與任務就此定稿。

4. 發展職能標竿與問題

本步驟目的在發展出職能的標竿（benchmark，或稱基準）或精熟層級。個人可以比對標竿層級評選自己的職能精熟等級。每個能力基準包括級別定義（即級別的一般說明）和行為示例（即實際工作行為）。舉例言之，團隊合作職能的定義是：鼓勵和促進合作、自豪、信任和團體認同；促進承諾和團隊精神；與他人共識以達成目標。其職能本位問題為：描述一個你與團隊共事以達成共同目標的情境。是那些目標？誰在團隊中及該團隊如何組成？你進行那些步驟以邁向達成目標？結果為何？對應上述的職能標竿或精熟層級分為五級：第 1 級 —— 在直屬工作區執行例行任務以協助同事；遵照指示完成作業（行為示例：洽詢庫存辦事員以確保材料已卸下並以適當順序存放；清楚和精確地填表以利另一辦事員後續處理）……第 5 級 —— 促進團體認同與自豪；激勵團員達成目標；對團隊計畫活動做出貢獻和對達成目標做出努力（行為示例：在勞資會議中鼓勵雙贏取向和對策；在依發展及取得大型合約的團隊中工作）。

職能標竿是由心理師和 SME 一起發展，心理師們根據文獻探討和採較高層次地納入更大的範圍和複雜度，發展出標竿等級定義；SME 小組則發展對應每個標竿的行為示例。然後 SME 小組成員針對每個示例進行與職能相關程度的評分並為每個示例分配一個級別。小組評分的平均數和標準差決定各級標竿示例的去留。在完成標竿後，再撰寫每項職能的問題，以利連結標竿做出評分的回應。

以上馬賽克工作分析（或職業分析）和傳統工作分析法的主要差異之處在於：(1) 馬賽克一次分析一群工作（傳統則分析一個工作），可節省時間和資源支出；(2) 一般任務採廣泛定義（傳統則做較明細定義，如馬賽克以「使用文書處理軟體……」陳述、傳統分析則常會細到寫出使用那種軟體），可較持久；(3) 馬賽克的工作之間有共同的職能和任務（傳統則相當明細），可跨工作做比較；(4) 馬賽克裨益人力資源管理各環節（如甄選與升遷程序、訓練需求評估）的統整（傳統則各環節各蒐集資料，未做整合）（Rodriguez et al., 2002）。

經以上步驟發展出來的職業分析調查採分層隨機取樣寄送給在職員工及其主管填覆，再就所蒐集到的資料進行分析以辨認出每個職業的關鍵職能和任務。每項調查的填覆者很多（如辦事員和技術職業調查有 59,997 名填覆者，專業和行政職業調查有 46,889 名），也會確認各項職業各層級（如薪級）有足夠的填覆者。建置各職業或各職群的職能模型時，都須現職員工及其主管的評分，但在領導效能研究時，只調查了在職員工（Rodriguez et al., 2002）。

在職群中辨認相似的工作時，係採用群聚分析（cluster analysis）統計法根據職能重要性評分的相似程度進行歸類。職群職能模型提供聯邦機構工作之間的職能要求與相似性的一般指引。結果是兩組職能：廣泛職群（如辦事員和技術職業）的核心職能以及職群中由相似職業群聚之較小子群（如行政職群）的核心職能。使用職業群集，例如甄選考試之類的

職能本位產品就可被設計來用在職群，而降低爲每個職業發展單獨產品和工具的成本。當某一職業有足夠的主管和員工的評分資料時，則可建置其職能模型或職業概覽（occupational profile），職能模型也可包含某一職業的幾個級別（如入門／基層級、中級、全套／全層級）（Rodriguez et al., 2002）。

　　而爲了方便利害關係人使用職能模型等職業資訊，OPM 設計了下列兩套自動化職業資料傳遞系統：供人力資源專業人員和業務主管就日常人力資源活動做決定使用的 HR Manager，以及供員工作爲職涯發展工具的 USACareers（Rodriguez et al., 2002）。而 OPM 的心理師還可爲聯邦政府機構內的單一或多個職業提供工作分析和職能建模服務。服務項目包括：(1) 進行焦點團體和現場參訪；(2) 蒐集職業任務和職能資料之客製化調查的發展與行政；以及 (3) 根據所有法規和專業準則的資料分析和結果之文件化。OPM 也提供職能差距／缺口分析服務，使機構能夠確認訓練、發展和員工招募的關鍵需求（OPM, 2021b）。

　　OPM 於 2021 年 4 月發布了「聯邦人力職能倡議」（Federal Workforce Competency Initiative, FWCI），該倡議是一個蒐集聯邦職業所需職能資料的計畫，目的在支持聯邦政府機構各種人力資本活動所需，包括工作設計、招募、甄選、績效管理、訓練和職涯發展。這項調查是爲了更新已經使用了幾十年但至少已有 10 年沒有更新的職能模型，也及時因應 COVID-19 疫情的衝擊（如臨場和遠距混成工作成爲新常態）。FWCI 將分成幾個階段完成：在第一階段更新一大群組的職業一般職能與任務，在隨後階段就各職群更新技術職能與任務。第一階段就聯邦政府機構 350 多個職業，隨機取樣調查標的職業的在職員工及其主管。調查所涵蓋資訊範圍如表 2 所列，填答調查問卷須時 30-60 分鐘，問卷於 2021 年 3 月底、4 月初寄發後約 3-4 週內回收（Ogrysko, 2021; OPM, 2021a），亦即 FWCI 目前（2021 年底）尚在進行中，尚未有成果發布。

▶ 表 2 ▶ FWCI 調查所涵蓋資訊範圍

段 落	員 工	主 管
1. 職業背景資訊	回答有關其工作中的背景	回答本身及其員工的資訊，如其督導系列與層級
2. 職能	就執行其工作所需職能評分	就其員工執行工作所需職能評分
3. 任務	就其工作所需執行的任務評分	就其員工工作所需執行的任務評分
4. 背景資訊	回答其背景（如性別、種族）	回答其背景（如性別、種族）

資料來源：OPM, 2021a.

美國勞動部的職能模型採積木模型（Building Blocks Model）建模

　　美國聯邦勞動部就業及訓練署（U.S. Department of Labor, Employment and Training Administration, ETA）資助的一站式職涯（CareerOneStop）平台中，建置有職能模型交換所（Competency Model Clearinghouse, CMC）網站，旨在告知大眾職能模型的價值、發展和使用之人力系統。為因應人力挑戰，ETA 和產業夥伴一直協同發展和維護美國經濟重要產業和部門所需的基礎和技術職能的動態模型。這項工作的目標在促進了解教育和訓練具有競爭力的人力所需基本必要的技能組合和職能（CareerOneStop, 2021）。

　　職能模型和職群及能力標準三者同中有異。職群（career cluster）是具有共通性之一組職業和廣泛產業之組合，各職群可進一步細分為 2-8 個職涯進路（career pathway）。職群和產業職能模型都辨認出基礎職能和技術職能，但兩者的努力不重複。職群較強調課程績效目標、評量標準、範圍和在課程綱要中的課程順序以及評估之發展所需要素。產業職能模型則

更關注在職場績效所需職能，而不像職群做詳細說明。因此，職能模型和職群可一起使用。至於職能模型和能力標準（skill standard）兩者都會呈現在職場中取得成功所需知識、技能和才能，但能力標準會定義所需能力（或職能）的等級，職能模型則通常不定等級。ETA 支持發展職能模型而非能力標準的原因，在於認爲能力標準更適合由產、企業制定，以確保標準客製化到切合產業、地區或個人雇主的需求，而 ETA 宜扮演資訊經紀人的角色，提供有關職能模型的資訊、工具和資源及其支持人力發展措施的價值（CareerOneStop, 2021）。

ETA 的職能建模採積木模型（Building Blocks Model）的架構。如圖 4 所示，該架構以九層金字塔圖形描述職業和產業職能是如何建立在個人效能、學術和職場職能的基礎上。每一層都由成功績效表現所必需的技能、知識和才能的積木塊組成。在模型的基礎上，職能適用於大量產業。模型中愈往上的職能愈適用於特定產業和職業。但是，該圖形並不在表示職能獲得的順序，也非意指某些職能比其他職能更有價值。CMC 平台上各職能模型圖都會有附表，以呈現各職能積木塊的定義和相關的關鍵行爲（CareerOneStop, 2021）。

▶ 圖 4 ▶ 職能模型的積木架構

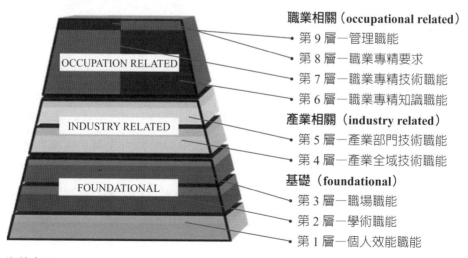

職業相關（occupational related）
● 第 9 層－管理職能
● 第 8 層－職業專精要求
● 第 7 層－職業專精技術職能
● 第 6 層－職業專精知識職能

產業相關（industry related）
● 第 5 層－產業部門技術職能
● 第 4 層－產業全域技術職能

基礎（foundational）
● 第 3 層－職場職能
● 第 2 層－學術職能
● 第 1 層－個人效能職能

資料來源：CareerOneStop, 2021.

　　ETA 為確保積木模型呈現當今人力所需的基礎知識和技能，對 CMC 的 22 個產業模型先後進行了審查、分析、驗證和 2014 及 2017 年兩次修訂。除了提供與維護 22 個產業職能模型之外，CMC 也提供一個互動式線上職能建模工具來幫助企業、教育和人力專業人士實現他們的人才發展目標──建置職能模式並加以應用。全球使用者在該工具引導下發展出其所需產／職業職能模型，由該工具使用者指引，可找到說明、示例和工作單。例如可以以多種格式下載產業模型的職能和關鍵行為工作單，離線進行課程發展其他與人力相關的功能（如溝通人力需求、辦認認證用職能、執行人資活動、進行職涯試探與輔導）（CareerOneStop, 2021）。

　　而採用積木模型法發展職能模型的程序共有下列六個步驟（CareerOneStop, 2021）：

1. 進行研究：蒐集和分析背景資訊

產業職能模型的發展須分析和統整本產業別現有全國及本州的資源、能力標準、技術課程和認證。本步驟最好由熟悉本產業術語、程序和所需能力的產業或內容專家（SME）完成。蒐集資訊的程序含：(1) 定義產業；(2) 辦認產業中的關鍵職業；(3) 使用 O*NET 資料庫（ETA 資助的免費線上資料庫，https://www.onetonline.org/）分析所需的知識、技能和才能（KSA），以確定跨關鍵職業的共同性；(4) 辦認和歸類現有資源；(5) 校準資源中已定義的 KSA 和積木塊架構。

2. 發展職能模型架構草案

職能模型架構草案包括職能名稱及其定義和說明。ETA 採取本步驟是因為模型發展人員可能會使用略有不同的術語來表示職能（如使用溝通而非聽與說），職能也可能被誤置在不同層和／或積木塊上（如批判性思考該放在職場職能卻被放到學術職能積木塊），確保所需的職能包含在產業模型中要比放對層來得重要。使用積木模型確保產業架構草案

是全面的：(1) 確定資訊中存在的主題和形式；(2) 關聯術語與積木塊內容領域；(3) 發展產業職能模型草案。

3. 蒐集產業代表的回饋

透過 SME 和職能模型標的使用者的意見輸入，修飾步驟 2 中發展出來的模型草案。本步驟先根據下列準則選取高成長／高需求產業部門（sector）代表組成焦點團體（或焦點小組）：(1) 對本產業的職能要求熟悉；(2) 跨地域和產業次領域的代表；(3) 不同觀點的代表。再以面對面或透過一系列電話和電子通信方式進行下列活動，蒐集焦點團體成員的回饋：(1) 在會議開始時摘述職能模型發展專案的目的和程序；(2) 審查職能模型草案——提供成員熟悉職能模型的機會；(3) 依次討論每個職能；(4) 蒐集有關以下項目的意見——職能名稱、定義和用以描述每個職能的特定行為。討論如何編輯這些材料以確保能準確捕捉到對使用者「真實」的職能本質。刪除模型草案中對標的職業、組織或產業不適切或不重要的職能，以及和小組成員就需要添加的職能描述出職能的定義和行為。

4. 修訂職能模型架構

像步驟 1 一樣使用產業專家修訂模型草案：分析透過焦點團體會議蒐集的資訊，編輯職能名稱、定義和（依妥切性）行為以反映蒐集到之意見的行為，根據需要在模型中添加或刪除職能。

5. 驗證職能模型架構

為了確保標的使用者社群的接受度，架構中辨認的職能相關行為應該是那些對成功工作績效的重要行為。職能模型架構應廣泛分發給產業協會及其成員。ETA 期望企業和產業隨後承擔責任，確保該模型成為有用和可用的工具，並定期更新以滿足不斷變化的人力需求。

6. 完成模型架構

完成的產業模型可在 CMC 網站上取得。產業模型的架構會以圖形顯示針對標的產業客製的內容積木塊。

OPM 和 DOL 職能建模程序與結果之比較

前述 OPM 和 DOL 的職能建模程序，可概略對比如表 3。由表 3 搭配本文前述，可見 OPM 和 DOL 的職能建模：都採跨機關、跨職業、跨等級的多重目的；均採系統化的科學方法，經資料蒐集、分析、篩選以及模型草擬、審查和驗證等程序完成。在資料蒐集中無論採問卷調查或焦點團體法，均重視由在職員工取得第一手收資料。

▶ 表 3 ▶ OPM 和 DOL 職能建模程序之比較

比較點	OPM	DOL
建模主體	自辦	委外
建模方法	馬賽克（MOSAIC）系統法	積木模型（Building Blocks Model）法
資料蒐集	問卷調查加焦點團體為主	焦點團體加線上標竿為主
更新週期	末明定	模型內容至少每 3 年正式審查一次

OPM 和 DOL 的建模結果（即職能模型）則可概略對比如表 4。在兩套各有眾多職能模型中係以網路安全（cybersecurity）職位職能模型為例，其主要理由是網路安全是 OPM 現有模型中最晚近完成的兩個之一（另一為資訊科技專案管理，均於 2011 年完成）。表 4 顯示兩種職能模型各有特色，都值得根據需要加以參探。

▶ 表 4 ▶ OPM 和 DOL 職能模型之比較：以網路安全職能模型為例

比較點	OPM	DOL
版本	2011 年	2019 年
架構	呈現 4 職系（資訊科技管理、電子工程、電腦工程和電信）9-15 職等適用之一般職能和技術職能；亦即發展至職業層次	呈現使用網際網路或組織內電腦之平均員工以及網路安全基層專業人員適用之第 1-5 層的一般職能和技術職能；亦即發展至產業部門層次
呈現方式	文字	圖形和文字
職能分階	各有 2 階，示例如下： • 一般職能 • 課責──讓自己和他人一起為產出可測量之優質、合時宜和高成本效益的結果擔負績效責任；決定目標、設定優序和委派工作；為錯誤承擔責任；彙集已建置的控制系統和規定 …… • 技術職能 • 可取用性──用於協助失能人士使用電腦和軟體之機具、設備和科技方面的知識 ……	各有 4 階，示例如下： 1 個人績效職能 1.1 展現與多元背景之他人有效工作的能力 1.1.1 展現敏銳力／同情心 1.1.1.1 展現對他人人及其關切的誠懇興趣 …… 5 產業部門功能領域 5.1 安全提供──負責再概念化、設計和建立資訊科技系統的專精領域，並負責系統和網路發展 5.1.1 危機管理 5.1.1.1 授權正式／指定代表 ……
適用範圍	聯邦政府機關人力規劃、訓練與發展、績效管理、招募和甄選，但用在甄選時須配合適切的資歷標準使用	支持各種人力資源功能或活動，例如招募與聘僱、訓練與發展、職涯規劃和績效管理等
輔助機制	OPM 可提供個別機關進一步工作分析的服務；目前 OPM 已啟動模型更新作業	有線上互動工具（如認證用職能、課程分析、雇主分析和缺口分析工作單）供產／職業進一步發展模型及促進模型之應用

美國聯邦政府職能建模經驗對我國的意涵

以上本文介紹 OPM 和 DOL 的職能建模程序、對比兩套職能建模程序與結果，可引申出可供我國檢討國家考試職能指標和國家人力資源機關精進職能建模的意涵，至少如下：

1. 公務人員職能建模須跨院部會協力推動，但宜由公務人力主管機關主辦

在人才發展教、考、訓、用的鏈結中，係強調為用而教、為用而考和為用而訓，教、考、訓、用各主管機關須共同協力推動大家可共用之職能模型的建置（即職能建模），但因為用人機關最貼近需求面並在人力規劃、訓練與發展、績效管理、招募與甄選、任用與升遷等項目中主管最多項。正如 OPM 主辦聯邦政府人力職能建模，DOL 主辦廣泛勞動力職能建模一般，又如我國勞動力職能建模已由相當於 DOL-ETA 的勞動部勞動力發展署透過「職能基準發展與應用推動計畫」行之有年一樣，我國公務人員職能建模宜由相當於 OPM 的公務人力主管機關主辦。

2. 公務人員和專技人員職能建模宜發展多用途的職能模型

OPM 和 DOL 的職能建模都採先共通再分殊模式，儘量發展出適用於各機關、各產／職業，甚至各層級的職能模型，以提高建模的成本效益、裨益人力因應變遷等。我國未來的公務人員和專技人員等職能建模亦宜發展多用途的職能模型，用於支應人力發展生命週期中的人力規劃、訓練／學習與發展、績效管理、招募、甄選、任用和升遷等各環節。也宜區分出卓越、平均和入門績效要求的職能層級。

3. 公務人員和專技人員職能建模宜精進方法和做好規劃

OPM 和 DOL 的職能建模都講求科學方法和重視第一手資料，並且就資料的蒐集、分析和篩選，以及模型的草擬、審查和驗證等均妥為規

劃，值得我國效尤。

4. 我國已有的職能模型和建模經驗也宜做盤點和參酌

我國勞動部截至 2021 年 9 月已發展或認證 643 個職能基準，教育部也
建置有大專校院就業職能平台，這些職能模型宜加以盤點以了解其質
量符合公務人員和專技人員使用程度，而其職能建模的成功經驗和遭
遇問題也值得公務人員和專技人員職能建模之參考。

Lily Tomlin 有一名言是：通往成功的道路永遠在施工中（The road to
success is always under construction）。因為職能會日新月異，職能建模也
需要與時俱進，所以諸如以上的意涵也需要及時轉化成行動和持續進行檢
討與反思。

········· **參考文獻** ·········

考選部（2021）。**為提升我國公務及專技人員之考選及培育之效益，考選部提
出國家考試職能指標修正規劃報告**。https://wwwc.moex.gov.tw/main/news/
wfrmNews.aspx?kind=3&menu_id=42&news_id=4442

賴春金、李隆盛（2011）。職能分析的方法與選擇。**T&D 飛訊**，114。https://
ws.csptc.gov.tw/Download.ashx?u=LzAwMS9VcGxvYWQvNy9yZWxmaWxl
LzEyMjIwLzIyNjcwLzVjZTE5Y2Q3LWNlNDUtNGVlNS1hOTRiLTA4ZjdkM
DJlMzQ5ZS5wZGY%3d&n=NGIwYzM2OWRhNGI2ZGEwODc3OGNlNTd
lYTU0ZTY1YWIucGRm&icon=.pdf

Avilar Team. (2021). *5 important questions to answer before building a competency
model*. https://blog.avilar.com/2021/06/02/5-important-questions-to-answer-
before-building-a-competency-model/

Campion, M. C., Schepker, D. J., Campion, M. A., & Sanchez, J. I. (2019).
Competency modeling: A theoretical and empirical examination of the strategy
dissemination process. *Human Resource Management.* https://onlinelibrary.wiley.
com/doi/abs/10.1002/hrm.21994

CareerOneStop. (2021). *Competency Model Clearing House.* https://www.careeronestop.org/competencymodel/home.aspx

Centranum Group. (2019). *How to develop competency models.* https://www.centranum.com/resources/competency-management/what-is-a-competency-model/

de Beeck, S. O., & Hondeghem, A. (2009). *Managing competencies in government: state of the art practices and issues at stake for the future.* Organisation for Economic Co-operation and Development. https://www.oecd.org/officialdocuments/publicdisplaydocumentpdf/?cote=GOV/PGC/PEM(2009)2&docLanguage=En

McClelland, D. C. (1973). Testing for competence rather than for "intelligence". *American Psychologist, 28*(1), 1-14.

Monang, J., Sudirman, I., & Siswanto, J. (2016). *In search for a public servant competency model: A literature review.* https://www.researchgate.net/publication/328629756_In_Search_for_a_Public_Servant_Competency_Model_A_Literature_Review

Office Personnel Management (OPM). (2021a). *Fact sheet for the Federal Workforce Competency Initiative (FWCI).* https://www.nteuchapter296.org/index.cfm?zone=/unionactive/view_article.cfm&HomeID=849976

OPM. (2021b). *Policy, data, oversight: ASSESSMENT & SELECTION.* https://www.opm.gov/policy-data-oversight/assessment-and-selection/

Ogrysko, N. (2021). *OPM launches employee survey initiative to update job competency models.* https://federalnewsnetwork.com/workforce/2021/04/opm-launches-employee-survey-initiative-to-update-job-competency-models/

Rodriguez, D., Patel, R., Bright, A., Gregory, D., & Gowing, M. K. (2002). Developing competency models to promote integrated human resource practices. *Human Resource Management, 41*(3), 309-324.

Society for Human Resource Management (SHRM). (2016). *Competency model.* https://www.shrm.org/learningandcareer/competency-model/publishingimages/pages/default/shrm%20competency%20model_detailed%20report_final_secured.pdf

SHRM. (2021). *Competency FAQs.* https://www.shrm.org/learningandcareer/competency-model/pages/competency-faqs.aspx#model

Valamis. (2021). *Competency model*. https://www.valamis.com/hub/competency-model

Vazirani, N. (2010). Competencies and competency model-A brief overview of its development and application. *SIES Journal of Management, 7*(1), 121-131.

（2021 年 12 月發表於《國家菁英季刊》）

10

美國加強 21 世紀職技教育法案的重點與意涵

　　2018 年 7 月 31 日，美國總統川普簽署了「加強 21 世紀職業與技術教育法案」（Strengthening Career and Technical Education for the 21st Century Act，又稱 Perkins V 法案），這是他上任後簽署的第一個重要教育政策法案（以下簡稱新法案）。新法案是 2006 年國會大修之職技教育法案（又稱 Perkins IV 法案；旨在授權聯邦每年提供中學及大專校院職技教育班制約 1.2 億美元的經費支持）的重新授權。將在 2019 年 7 月 1 日生效至 2023 年，並取代 2006 年授權之 Perkins IV 法案，允許各州在無須教育部長批准下制定自己的職技教育班制（program）績效表現目標，要求各州朝向這些目標取得進展，並對聯邦的職技教育法律做出其他改變。川普宣稱：新法案將有助於美國蓬勃發展的經濟，超過 1,100 萬名學生和工作人員將因而有更多的機會獲得更好的訓練和更多的工作。

新法案透過四項重點變革致力於增多就讀優質職技教育班制的學習者

　　美國教育行政主要是由各州負責、聯邦參與、地方運作。美國當前各州和地方的職技教育班制主要在 13 個職業領域（農業與自然資源；商業管理；商業支援；傳播與設計；電腦與資訊科學；教育；消費者或個人服

務；工程、建築與科學技術；健康科學；製造、營建、修護與運輸；行銷；防護服務；公共、法律與社會服務），提供學生在職場就職和發展所需的知識、技能和實作經驗。聯邦撥款資助職業教育（現名職業與技術教育／Career and Technical Education，簡稱職技教育／CTE；我國則將技術教育放在職業教育之前，而習稱為「技職教育」）的法案始於 1917 年的史密斯─休斯法案（Smith-Hughes Act），100 多年來歷經數次易名和修訂，例如 1984 年的 Carl D. Perkins Vocational Education Act 即是 Perkins 法案第 I 版……1998 年的 Carl D. Perkins Career and Technical Education Act（即 Perkins III）開始採用 CTE 一詞……。

重新授權的新法案（Perkins V）目的在幫助更多的美國人（特別是年輕人）接受優質的職技教育，使能帶著對國家經濟至關重要之產業中薪酬好、需求高的工作所需知識與技能進入勞動力市場。根據其資料便覽（fact sheet），新法案的四項重點變革如下：

1. 賦權各州與地方社區領袖

透過簡化申請聯邦經費的程序，並提供更多運用聯邦資源的彈性，以因應不斷變化的教育和經濟需求。

2. 改善與業界所需工作的校準

透過支持創新的學習機會、建立更好的社區夥伴關係以及鼓勵和雇主加強互動，改善學校教育與業界所需工作的校準。

3. 提高透明度和績效責任

透過精簡績效措施確保職技教育班制取得成果，賦予家長、學生和利害關係人者在制訂績效目標和評鑑地方班制效能時可發表意見。

4. 規範聯邦的角色

透過控制教育部長的權威、限制聯邦干預和防範政治偏袒，以確保有

限度的聯邦角色。

　　換句話說，新法案透過促進學校教育—業界需求、中學—大專教育之間的聯繫，加強績效責任制，提高學生的學術和技術成就等，更著重在系統校準和班制改善兩大面向，以確保職技教育班制的提供更符合學習者和雇主不斷變化的需求。

彰顯百年來美國聯邦持續力挺職技教育的新法案對我國至少有三項意涵

　　固然，我國和美國的幅員懸殊，教育行政體制亦不同，但新法案對我國技職教育至少仍有下列三項意涵：

1. 技職教育有賴長期持續的政策導向之經費等支持

技職教育和一般教育的主要差異在於特重「時」與「實」，亦即特別強調培養時需和實務的人才與能力。時需和實務的認定通常相當配合國家經濟發展與社會包容的需求，因此相對需要政府長期持續的政策導向之經費等支持。如前述，美國聯邦立法資助職技教育始於 1917 年，2006 年授權的 Perkins IV 至 2018 年已逾 10 年未修而不合時需。因此，2018 年重新授權的新法案，展現儘管百年來多次政黨輪替，聯邦均能透過立法長期持續支持職技教育。我國也該如此。

2. 技職教育班制需要更對應產業中薪酬好、需求高的工作

如前述，新法案比 Perkins IV 更講求面對國家經濟發展至關重要之產業，培養薪酬好、需求高的人才與能力。我國有不少採取過度教育但卻培育出畢業生就業意願、薪酬與需求均低的技職教育班制，亟需加以盤整，並透過政策之重點支持使其盡快轉化。

3. 宜加強技職教育的賦權與能和績效責任

如前述，新法案比 Perkins IV 更加強賦權予各州、地方乃至學校，但更講求問責於取得成果與程序透明。我國的技職教育要因應變遷加速的環境，也有待加強讓地方和學校有更多更好的賦權與能〔Empowerment，指協助個人、組織或社群增進其本身生活或營運所需權力（即執行能力），使其能依照自己認定的優序採取行動的多面向社會程序或機制，有時簡稱「賦權」〕和績效責任（accountability，有時簡稱「課責」或「問責」），使更有權、有能又有責地辦好技職教育。

（2018 年 9 月發表於《經濟部人才快訊電子報》）

11

美國 STEM 人才培育
的趨勢與意涵

　　2018 年 5 月 25 日我國國發會人力處林至美處長在「IEET 會員大會暨校院長論壇」的一場演講中指出：我國大專校院 STEM 領域（包括「自然科學」、「數學及統計」、「資訊通訊科技」及「工程、製造及營建」領域）畢業生人數及其占比持續下滑，除顯示少子化導致畢業生人數減少外，亦反映年輕學子就讀 STEM 領域的意願降低，削弱我國未來科技創新研發的能量。

福國利民有賴更多的 STEM 專業人才和擁有 STEM 素養的國民

　　STEM 是科學（Science）、科技（Technology，或稱「技術」）、工程（Engineering）及數學（Mathematics）的頭字語，STEM 既是領域也是學科。當今已成為全球教育新趨勢的 STEM 是由美國帶頭發展的，美國發動 STEM 係著眼於在全球競爭加劇下，更多的 STEM 專業人才和擁有 STEM 素養的國民，對美國引領創新、提高生產力和有效競爭至關重要。又由於在許多現實情境所需的解決問題策略需要 STEM 的整合對策，所以常主張不該將 STEM 視為四個單獨的學科和領域。

　　在 STEM 專業人才方面，Nikki Graf 在 2018 年 1 月〈有關 STEM 人

力的七個事實〉（7 facts about the STEM workforce）一文中，指出：自 1990 年以來，STEM 職業的就業人數成長了 79%（從 970 萬人增加到 1,730 萬人），快過整個美國的就業成長率。但是，究竟那些工作歸屬 STEM 並無統一標準，以致大眾可能對誰在 STEM 領域工作會有誤解和對誰擁有 STEM 相關學位的看法有所差異。因而，皮尤研究中心（Pew Research Center）新近根據美國人口普查局資料，針對 1990-2016 年 25 歲及以上成人在 74 個職業（含電腦、數學、工程和建築職業；物理科學人員、生命科學人員和健康相關職業——如醫療保健執業人員和技術人員，但不包括護佐和醫助等醫護支援人員）廣泛分析 STEM 人力，發現下列七項事實：

1. STEM 工作人員傾向比相似教育程度的非 STEM 工作人員薪酬高。
2. STEM 工作人員中約三成有碩士以上學位。
3. STEM 領域的大學畢業生中有 52% 從事 STEM 工作。
4. 大學時主修 STEM 的畢業生薪酬高於非主修 STEM 的大學畢業生。
5. STEM 工作人員中婦女所占比例因工作類型而大幅變化。
6. 自 1990 年以來電腦工作人員中婦女所占比例遞減中。
7. STEM 工作人員中黑人和西班牙裔的比例偏低。

　　換句話說，福國利民有賴更多的 STEM 專業人才和擁有 STEM 素養的國民；此外，須重視讓各種族群的人都有機會成為 STEM 專業人才和具備 STEM 素養。這種觀念已廣泛被很多國家所接受。

美國培育更多 STEM 專業人才和具備 STEM 素養國民的新興趨勢

　　Linda Hirsch 在 2018 年 1 月的〈為什麼 STEM 很重要〉（Why STEM Matters）一文中指出：美國 STEM 領域的人才需求比其他領域成長得快，例如勞工統計局預估在 2022 年之前會有 100 萬個 STEM 領域的新工作出現，加上這個領域中嬰兒潮世代在職員工也會有 100 萬名逐漸退休，因而

5 年內全美將會有近 200 萬個 STEM 人才需求。有 STEM 學位的大學畢業生很容易找到工作而且薪酬高於其他領域大學畢業生 30% 左右。但是許多學童對數學和科學（合稱「數理」）不感興趣，以致無法培養出申請（或運用在）大學 STEM 班制所需的批判思考和解決問題能力。特別是大多數中小學的數理學習沒跟真實生活及工程應用整合。而且，學術界和產業界的看法很不一致，人才供應端的學界人士中高比例表示已將學生培育好了，但是需求端的業界只有低比例的人士同意這種說法。

　　為了彌合上述培育更多 STEM 專業人才和具備 STEM 素養國民的缺口，新興趨勢至少如下：

1. 愈來愈講求利害關係者的合縱連橫

STEM 人才培育愈來愈講求從幼稚園到職涯整條管線的「合縱」，以及教育界和產業界的協作，乃至學術機構、事業單位、非營利組織和政府機關等利害關係者的「連橫」。

2. 愈來愈多的學校投資於自造者空間（Multi-use makerspace）

利用這種空間協助學生透過實驗、機器人、人工智慧、程式編碼（coding）甚至是低科技團體活動等，真正地動手做、解決問題，為在真實世界解決工程問題的經驗建模。

3. 愈來愈多的公司及其夥伴加強 STEM 育才和留才

各種 STEM 人才既須開源也須節流。愈來愈多的公司及其夥伴透過師徒制（mentoring）、實習制（internship）、學徒制（apprenticeship）、同儕支持、科際整合課程與教學以及創新對策，促進潛在員工投入STEM 領域。也透過師徒制、各種贊助和工作—生活平衡方案，提高STEM 在職員工的留任率。

4. 促進 STEM 的倡議和報告持續推陳出新

和 STEM 有關的政府機關和民間團體持續提出推動 STEM 的倡議和報告，為 STEM 人才培育重塑願景、目標和策略等。例如聯邦教育部 2016 年 9 月出版的報告《STEM 2026：STEM 教育的創新願景》（STEM 2026: A Vision for Innovation in STEM Education），指出面向 2026 年中小學 STEM 教育有下列六大組成的挑戰和創新機會：(1) 參與推動和形成網絡的實務社群；(2) 引人進行有意圖遊戲和冒險的易於參與之學習活動；(3) 包括科際整合方法解決「重大挑戰」的教育經驗；(4) 靈活和包容的學習空間；(5) 創新和易於參與之學習措施；(6) 促進 STEM 多樣性和機會的社會和文化形象與環境。

以上美國 STEM 人才培育的四項新興趨勢，都值得我國參探。「站在巨人的肩膀上應該看得更多更遠」，我們除了參探美國的趨勢、課題和經驗，也該借鏡其他國家受到美國影響而推動的 STEM 人才培育。

（2018 年 6 月發表於《經濟部人才快訊電子報》）

12

美國學徒制育才
正乘勢而來

　　2018 年 1 月 30 日，美國總統川普發表上任後的首次國情咨文演說，其中有關人才的重點如下：……自選舉以來，我們創造了 240 萬個新工作機會，其中包括在製造業就有 20 萬個新工作。經過多年的薪資停滯，我們終於看到薪資上漲。失業率已經創下 45 年來的新低。……我們要讓每一個美國人都知道辛勤工作的尊嚴……我們可以提升公民從福利到工作，從依賴到獨立，從貧窮到繁榮……隨著減稅創造新的就業機會，讓我們投資在人力發展和工作訓練（workforce development and job training），讓我們開設優質的職業學校，讓我們的未來工作者可以學成技藝，發揮他們全部的潛力，以及透過支持留職留薪休假持家來支持工作家庭。

學徒制計畫是「八字已有一撇」的人力發展和工作訓練方案

　　川普演說中的「職業學校」（vocational school）是人力發展和工作訓練的一環，川普希望現有的社區學院改名職業學校，並把焦點轉移為更工作訓練導向，但是許多學院的領袖回應他們的社區學院已經這樣做了。所以，這項政策宣示的後續發展可以稍後再論。倒是和「未來工作者可以學成技藝，發揮他們全部的潛力」密切相關的是川普在 2017 年 6 月 15 日簽署了一項行政命令——要使政府在學徒計畫上的花費加倍，使美國的學徒

人數從目前的 50 萬人實質增加。亦即，這項行政命令的重點在擴大學徒制育才。

現有學徒 50 萬名是指全美參與勞工部主管的立案學徒制（registered apprenticeship, RA）計畫人數，另有參加未立案學徒制者。RA 是組合結構化工作崗位上訓練（structured OJT）和相關課堂教學（通常由社區學院提供，也可由技術學校、學徒訓練或企業本身提供）以增進學徒的能力層次和薪資所得，由於具有可客製化的彈性以符合各行各業需求（如歷時 1 年到 6 年都有）和結合其他人力資源發展策略，所以 RA 是企業參與、雇主驅動的人才培訓模式。學徒制也是可同時既賺錢（平均年薪 3 萬美元）又學習（earn and learn）且薪資所得隨能力習得漸增的職涯發展模式。每一個 RA 畢業生都可從勞工部取得全國承認的證書。所以，RA 的五大要件是企業參與、工作崗位上訓練、相關教學、酬償能力之習得，和國家職業憑證。

舉例言之，全球最大的快遞承運和包裹運送公司 UPS 利用 RA 訓練包裹運送、作業和汽車修護人員，預定在 2018 年以前透過 RA 培訓出 2,000 名。其訓練程序包羅萬象但都以協助學徒長期受用為目的。又如服務人員國際工會（Service Employees International Union, SEIU）的健康照護西北訓練夥伴計畫（Healthcare NW Training Partnership），針對嬰兒潮出生的人陸續進入退休年齡而需要足夠的優質居家照護人力，乃透過 RA 設計了轉化現行居家照護系統的創新模式，其訓練以 13 種語言實施，兼採線上和課堂訓練。

川普的前任歐巴馬總統在 2014 年就設定了擴大學徒制的目標，並說學徒制提供員工獲得更高薪資之工作的機會，即使他們沒高等教育學位。所以，川普在這樣的基礎上，簽署了擴大學徒制的行政命令，為借重學徒制培育人才添柴加油。

美國學徒制育才趨勢對我國的意涵

美國聯邦政府推動學徒制育才也遭受一些質疑，例如 2017 年 Sarah Kessler 在 Quartz 上的文章指出：

1. 美國 50 萬名學徒只占所有勞動力的 0.3%，由此切入成效有限。
2. 美國學徒制育才最常用在水電、木匠和營造業，要擴大領域須雇主改變想法。
3. 人才培育從學位模式向工作—學習模式移動，不易被家長所接受。
4. 川普政府無意提高歐巴馬政府對學徒制計畫所編列的預算額度，如何擴大學徒制？

但是，支持學徒制的人士主張學徒制所連結的教育和能力都根據需求，而且證據顯示學徒制有利薪資和就職。例如 2012 年一份勞工部資助的報告發現：完成學徒制的員工在整個職涯中會比做相似工作的非學徒出身員工多賺約 24 萬美元；又如 2016 年一份白宮的聲明指出：87% 的學徒制完成者會獲得工作。川普也表明他的行政命令主要是要移除聯邦對許多不同產業開設學徒制的限制。因此，美國學徒制育才趨勢對我國的意涵至少如下：

1. 學徒制可作爲我國多管齊下育才當中的重要管道之一

優質的學徒制可促進業界參與育才、促成訓用合一……。我國在《勞動基準法》中第八章爲「技術生」，《職業訓練法》中第三章第二節爲「技術生訓練」，其中「技術生」即相當於「學徒」，但均欠缺周全的施行細則和實施辦法。從 2013 年起開辦、在 2017 年廢止的「明師高徒計畫」和美國 RA 計畫也大不相同。美國的 RA 值得我國參考，尤其施行細則和實施辦法要著重在務實符應需求和排除政府管理學徒制的繁文縟節及僵化要求。

2. 學徒制須針對需求和具備要件

美國勞工部指出只要下列任一問題的答案爲「是」，則學徒制即是適切的育才策略。這些問題是：

(1) 是否有某些難以找到合適能力之員工的工作？

(2) 是否有某些離退率高的職位？

(3) 是否有某些高能力的人力即將退休的職業？

(4) 是否有某些要幫助員工和產業進展與時俱進的挑戰？

(5) 是否有某些所需能力可在工作崗位上習得的職位？

(6) 是否有吸引新的和更多元化之人才的困難？

美國 RA 的五大要件如前述，含企業參與、工作崗位上訓練、相關教學、酬償能力之習得，和國家職業憑證。這些檢視需求的問題和應具備的要件也適用在我國的學徒制。

3. 工作機會擴增和學徒制育才相需相成

本文開頭引述的國情咨文演說片段中，川普指出美國開創了工作機會、提高了工作薪資，所以更需要包含學徒制在內的人力發展和工作訓練投資。我國亟需振興產業發展、開創人民就業機會，才能促使工作機會擴增和學徒制育才相需相成。

(2018 年 3 月發表於《經濟部人才快訊電子報》)

13

借重創業創造就業的
政策宜審慎樂觀

　　創辦人之一是出生於南投竹山之高民環（Min Kao）的 Garmin 公司現任董事長和執行長彭布爾（Clifton Pemble），在 2018 年接受訪談時說：Garmin 是 1989 年從一家小型購物中心的兩個房間用餐桌和餐椅開創公司的……現在市值 110 億美元……Garmin 在 32 個國家／地區已擁有超過12,000 名員工。換句話說，高民環等人的創業既創造了價值也創造了就業（創業時資本 400 萬美元、員工 12 名）。

　　借重創業開創工作提高就業率是大多數國家的政策，但是什麼樣的創業才能有效創造就業？本文做一簡要論述和提醒。

借重創業創造就業的政策面對不少挑戰，須審慎制定和推動

　　丹尼爾・伊森伯格（Daniel Isenberg）於 2016 年在《哈佛商業評論》上發表〈創業真能創造很多好工作嗎？〉，開宗明義指出題目的答案沒那麼簡單後，對想借重創業創造就業的政策提出下列五項挑戰：

1. 成功倖存的新創企業才能創造就業

　　許多新公司在成立之初就倒閉了，成功超越許多障礙的少數異類才會隨著企業的發展而變得更強壯。亦即，成功倖存的企業才能創造就

業，大多數的新創企業並不會創造工作。

2. 新創企業的工作常是低薪及高比例是低技能的服務性工作

新創公司的工作常長達數個月甚至數年是低薪或無薪，且高比例是低技能的服務性工作。

3. 有些研究發現不支持透過創業創造就業是好政策

國際有些研究發現：新創企業人士數量名列前茅的國家或美國排名前三名的創業州並非頗具經濟競爭力的國家或州，甚至發現一個國家的創業數量與其國家競爭力呈負相關；在新創公司工作最容易失業；現有公司創造了 72% 的工作機會，新創公司只創造了 10% 的工作，而透過企業支持方案投注在新創公司以創造一個工作的公共投資成本，是投注在現有公司增多一個工作的三倍。

4. 新創企業量和工作機會兩者呈正相關常止於相關而非因果

除了新創企業量和工作機會量的相關性常被過度作為因果性的政策規範之外，成功新創企業密集地區也常是當地有相當大的公司（如美國科羅拉多州波德和印度邦加羅爾市有 IBM）先為當地的企業生態系統注入人才、連結和知識，所以當地的新創企業在成為創造就業的「因」之前先是「果」。

5. 創業創造就業的想法部分來自某種統計錯覺

相關調查常只關注新創企業新增多少工作，對成熟企業的調查則關注新增和流失多少工作，所以是方法上造就了創業很會創造就業的海市蜃樓。

　　伊森伯格提出上述挑戰之後，提醒大家只有極少數的新創企業可確實創造一些好工作。有關政策制定者必須更準確、更有見解地看待新創企業，以促進經濟成長和長期經濟繁榮。

得自於上的意涵至少如下：(1) 創業政策宜力求協助創業成功，因為創業的成功率不高，只有成功的新創企業才能創造就業；(2) 創業政策宜更著重在創造好工作，例如該更有差異化地扶植高能力、高薪酬的生產性工作；(3) 創業和促進就業政策宜更重視由成熟企業創造就業和衍生新創企業。就第三個意涵做個比喻：有家花店的老顧客在店裡買了一束鮮花後，發現緊接在她後面買同樣花束的客人買得較便宜。就在下一位客人離開後詢問老闆為什麼賣她比較貴的價錢，花店老闆說：你是老顧客，在你後面買花的是新顧客，我為了吸引新顧客下次再來消費，主動給她優惠。老顧客於是選擇換一家花店消費。創業和促進就業政策不能喜新忘舊。

企業既是工作創造者也是工作破壞者：企業年齡是創造就業機會的最重要因素

2017 年的美國人口普查報告指出，2015 年有 41 萬 4,000 家新創公司創造了 250 萬個新工作，平均每家公司創造 6 點多個工作。美國勞工統計局（Bureau of Labor Statistics）則指出，2017 年全美創立了 41 萬 5,226 個新創公司，創造了 170 萬個就業機會，平均每家公司創造 4 點多個工作。但是考夫曼基金會（Kauffman Foundation）在 2010 年的研究報告《創業在工作創造和工作破壞中的重要性》就已指出，美國新創公司平均每年創造 300 萬個新工作，但是在公司的所有其他年齡段（包括剛成立後的頭一個完整年的公司到已成立兩個世紀的公司），都是淨工作破壞者，每年淨流失 100 萬個工作崗位。該報告舉例，2005 年新創公司創造了 350 萬個工作，其中 35.5 萬個工作是由 1995 年創立的 10 歲公司所創造的，可是當年在 1995 年創立的 10 歲公司流失了 42.2 萬個工作，入不敷出。

換句話說，企業有像成、住、壞、空四相的生命週期，高峰期介於住和壞之間。企業僱用員工數量和企業年齡的關係曲線大致呈鐘形，在高峰

期（鐘頂）之前是工作創造者，在高峰期之後是工作破壞者。所以，企業年齡是創造就業機會的最重要因素。只是，隨著企業的老化，其所創造的大部分就業機會仍然存在，對經濟仍會產生持久的影響。

結語：創業不易但仍須審慎樂觀的政策推動以促進推陳出新、生生不息

創業之不易有如馬雲所說：創業路上，口水是武器，汗水是代價，淚水是學費。固然如上述，借重創業創造就業不宜過度樂觀，但是創業被期望既創造就業也創造價值等，有推陳出新、生生不息的新創企業才能以新增的工作沖抵企業因關閉和萎縮而流失的工作，所以提高就業率仍須審慎樂觀的創業政策予以促進。

（2020 年 7 月發表於《經濟部人才快訊電子報》）

14

建立國家資歷架構開始就不遲

　　2017 年 7 月媒體報導我國國發會表示在全球化趨勢下，通行全球的學習認證顯得相當重要；但是臺灣尚無「資歷架構」（qualifications framework, QF），所以應該參考國際經驗，建置橫跨不同類型資歷及學位的系統，與國際接軌。

資歷架構在全球已相當成熟和普及，臺灣尚未建置

　　的確，資歷架構已相當成熟和普及，例如 Arjen Deij、Slava Grm 和 Madhu Singh 在 2013 年《國家資歷架構的全球盤點》（*Global Inventory on National Qualifications Framework [NQFs]* 簡報中，指出共有 143 個國家參與區域、跨國和國家資歷架構，臺灣未在其中。多年來，我國已有不少學者陸續建議建立 NQF，2010 年第 8 次全國教育會議也曾將「高等教育與資歷架構」列為子議題之一，可惜沒有後續行動，以致在 2013 年發生麵包師傅吳寶春想以國中學歷進修 EMBA 的新聞事件時，也沒有 NQF 可做適切的處理。

　　有個故事說有個年輕人手握一隻小鳥挑釁智者：「大家都說你很有智慧，請問你，我手中這隻鳥是活的，還是死的？」年輕人心想如果智者說

是活的，就把鳥捏死，如果說是死的，就放手讓鳥飛走，好讓智者出糗。沒想到智者不假思索地回答：「鳥的死活掌握在你手上，你要牠如何，牠就會如何。」所以，臺灣要不要建立 NQF 以促進人才培育的「結合在地、接軌國際、邁向未來」，就像年輕人手中的小鳥；當今的教育與訓練主管行政機關則像手握小鳥的年輕人。

國家資歷架構可裨益個人和產業發展及接軌國際

　　NQF 是訂定經由各種學習和經驗可取得的證書、文憑和學位（簡稱資歷）層級、類別及其準則和進路的工具或系統。例如澳洲資歷架構（Australian Qualifications Framework, AQF）將職業教育與訓練和高等教育資歷整合在單一的統合架構，並依知識、技能及知識和技能應用的相對複雜度和 / 或成就深度及展現成就所需自主性，區分為下列 10 個層級（1 複雜度最低，10 複雜度最高）：1—I 級證書；2—II 級證書；3—III 級證書；4—IV 級證書；5—文憑；6—高階文憑、副學士；7—學士學位；8—學士榮譽學位、研究所證書、研究所文憑；9—碩士學位；10—博士學位。

　　依 AQF 所述，AQF 包含：

1. 各 AQF 層級和各資歷類別的學習結果。
2. 應用 AQF 於認證和資歷發展的規格。
3. 核發 AQF 的政策要求。
4. 資歷連結和學生進路的政策要求。
5. 各種 AQF 資歷和資歷進路。
6. 從 AQF 增刪資歷類別的政策要求和政策中所用術語的定義。

　　AQF 的目標則在：

1. 調和現在和未來澳洲教育與訓練目的多樣性。

2. 透過支持合乎時宜、相互關聯和全國一致的資歷結果，為各種資歷建立公信力，使對國家經濟績效做出貢獻。

3. 開發與維護支持取得資歷和協助人們在不同教育與訓練類型之間，以及在這些類型和勞動市場之間輕易移動之進路。

4. 經由提供個人透過教育與訓練進展和由先前學習與經驗取得認可的基礎，支持個人的終身學習目標。

5. 補充國家教育與訓練的法規和品質保證安排。

6. 促使 AQF 與國際資歷架構校準。

　　舉例言之，澳洲全球學苑（Australian Global Institute）是一所提供各年齡層澳洲學生含運動、休閒、急救等多種領域人才培訓的立案訓練組織，所提供訓練層級含上述 AQF 的 1-5 級。該學苑報導：一名潛水教練意識到他要申請移民和想從相當靠體力的工作職涯晉升到更著重設施管理的職位，需要正規的資歷。在申請就讀學苑而評估其潛水執照、其他證書和經驗之後，他只需要在學苑修習一單元的課程，課程修畢後一週內就取得室外休閒第 IV 級資歷證書。換句話說，在 AQF 下，個人的就學、受訓、工作和生活經驗都可能被採計而取得適切的 AQF 資歷，而且只有立案訓練組織、技術與繼續（technical and further education, TAFE）學院和大學可提供授予 AQF 資歷的教育與訓練。所以，這種架構既可促進相互溝通、資歷轉銜、品質保證、終身學習、多元學習、彈性學習和國際接軌等，也因採行職能本位教育與訓練而可確保資歷和職能的統合，裨益個人和產業發展。

　　前述 Arjen Deij 等人則指出，歐洲國家的資歷架構有共同目標也有不同雄心。共同目標是都將 NQF 當「溝通的工具」使各種資歷更容易被了解，也使國內和國際間各種資歷之間的相似性和差異性更加明顯。不同雄心是指某些國家進一步將 NQF 當「支持改革的工具」，而讓各種資歷（或標準、課程）更加關聯、更超越正規教育與訓練和肯認及採計非正規與非

正式學習（前者管道如企業內部的員工專業發展班制，後者如擔任銷售代表所培養的人際能力）。

　　國人向來重視證書、文憑和學位，但是除了正規學位之外的資歷過於紛雜而不利溝通和流通，即使同一層級同一類別的正規學位持有者也常見能力過於懸殊而有違品保。前述在 2013 年已有 143 個國家或領地參與資歷架構下，我國 NQF 的建立有點晚。但是，著眼於前述的各種利基，開始就不遲（Late is better than never）！

　　　　　　　　（2017 年 8 月發表於《經濟部人才快訊電子報》）

15

臺灣資歷架構需要
什麼樣的層級描述？

「臺灣資歷架構草案」需要更多的關注，層級描述是該被關注的重點之一

我國教育部已在 2018 年透過委託計畫規劃出「臺灣資歷架構」（Taiwan Qualifications Framework, TWQF）草案（以下簡稱 TWQF 草案，見表 1；侯永琪等，2019c）。TWQF 草案及其後續發展被期望能強化現行教育與訓練之品質保證系統、標準化學習成效的內涵定義，和促進臺灣高等教育與國際連結等（侯永琪、呂依蓉、唐慧慈，2019a）。因此，需要大家多加關注，使其進一步發展更為適切與順利。

▶ 表 1 ▶ TWQF 草案所規劃的八層級

層級	學位、文憑類型
8	博士學位 • 修業期限為 2 年至 7 年
7	碩士學位 • 修業期限為 1 年至 4 年
6	學士學位 • 修業期限為 4 年者，不得少於 128 學分 • 修業期限非 4 年者，應依修業期限酌予增減

層級	學位、文憑類型
5	副學士學位 • 2 年制不得少於 80 學分 • 5 年制不得少於 220 學分
4	高中（職）教育文憑高級中等教育 • 修業期限為 3 年，應修習總學分數為 180 學分至 192 學分 • 普通型及單科型高級中等學校學生畢業之最低學分數為 150 學分 • 技術型及綜合型高級中等學校學生畢業之最低學分數為 160 學分
3	第三級證書
2	第二級證書
1	第一級證書

資料來源：侯永琪等，2019a, b。

　　TWQF 草案希望被進一步發展成我國的國家資歷架構（national qualifications framework, NQF）——TWQF。經濟合作暨發展組織（Organisation for Economic Co-operation and Development [OECD], n.d.）定義NQF是：「根據學習所達到層級的一套準則制定和分類資歷的工具。這套準則可以隱含在資歷描述（qualifications descriptor）本身中，或以層級描述（level descriptor）的方式明示。」（p.6）。TWQF 草案採用後者。所以，層級描述是該被關注的重點之一。

TWQF 草案的第 1-3 級的資歷和相關能力亟待補實，並宜和第 4-8 級一併檢修使能兼容正規、非正規與非正式學習結果

　　TWQF 草案已規劃表 1 所列八層級架構，並與歐洲資歷架構（European qualifications framework, EQF）及東協資歷參考架構（ASEAN Qualifications Reference Framework, AQRF）並列（侯永琪、呂依蓉、唐慧慈，2019a, b）。以八為層級的數量，和 EQF 與 AQRF 的建議一致，也

落在控制幅度的神奇數目 7±2（即 5-9）範圍，相當允當。但從 TWQF 既須適用國內亦須接軌國際的觀點看，其含職場學習在內的職業教育與訓練（vocational and training, VET）之資歷和相關能力描述亟待補實，並宜和第 4-8 級一併檢修使能兼容正規、非正規與非正式學習結果，又兼顧學習結果的供應面（指教育與訓練供應端）與需求面（指用人單位需求端）。

　　一般 NQF 除了承認從已立案教育與訓練機構獲得的正規（formal）學習結果，尚須關照非正規（non-formal）和非正式（informal）學習結果的承認、驗證與認可（recognition, validation and accreditation, RVA）使適切轉化成正式資歷，後者常被認爲是促進終身學習的重要機制。就正規和非正規學習而言，通常涵蓋三個教育與訓練部門或體系的學習結果（learning outcome）：中等教育、含職場學習在內的職業教育與訓練以及高等教育。但有些國家中等教育含職業教育，有的職業教育由中等學校延伸到大專校院串成技職教育（如我國），有的技專校院則被納入高等教育……。無論如何，Tuck（2007）指出 NQF 系統依技職和普通教育分合程度，可大分爲下列三種（或介於下列三種當中的兩種之間）：(1) 分軌制（tracked）——技職和普通教育分別在獨立和獨特的軌道；(2) 連結制（linked）——技職和普通教育分別在不同的軌道，但強調相似和相當性，例如有共通結構或軌道間的名分（credit）轉移；(3) 統一制（unified）——單一系統，沒分軌。

　　Tuck（2007）特別指出全世界的 VET 體系往往存在某些地方性的弱點或問題，典型的問題如下：(1) 過時的內容；(2) 所培育（或培訓）資歷不符新興的社會和經濟需求；(3) 缺乏社會夥伴的參與，特別是在制訂標準方面；(4) 實施系統缺乏彈性；(5) 與學術資歷的聯繫不良；和 (6) 公眾的敬意低。而 VET 資歷架構的發展被視爲是解決許多（或所有）這些問題的一種方法。透過資歷架構，VET 可受到普遍和持續的審查而確保其機構安排、所需資金和提供資歷能符應經濟、企業和個人學習者／員工的

需求。換句話說，VET 體系會比高等教育更希望借重 NQF 落實品保、促進溝通、裨益轉銜、鼓勵終身學習……。TWQF 草案根據其委託規劃的目的，著重在規劃 TWQF 的高等教育架構，其資歷和相關能力描述主要在八層級中的第 4-8 級，自是無可厚非。但如要進一步據以發展成 TWQF，則其第 1-3 級亟待補實。

　　Tuck（2007）曾整理出最常見的八層級 NQF 及其資歷（含學位、文憑和證書）與相關能力之描述如表 2。對比表 1 和表 2，顯見除了 TWQF 草案的第 1-3 級的資歷和相關能力亟待補實，並須和第 4-8 級一併檢修，使各級資歷的涵蓋面更寬廣，兼容並蓄正規、非正規與非正式學習結果，以及更兼顧學習結果的供應面與需求面。

▶ 表 2 ▶ 最常見的八層級 **NQF** 及其資歷與相關能力之描述

層級	資歷	相關能力
8	博士學位、高階管理職資歷	具備處理複雜和不可預測情境所需之知識、創造力和領導力
7	碩士學位、專家級專業資歷、高階管理職資歷	擔當專家級知識本位的專業工作、擔負高階管理責任
6	學士學位／榮譽學位、專業資歷、中階管理職資歷	擔當知識本位的專業工作、擔負管理責任
5	高等教育證書和文憑、技術員／專家級職業資歷、準專業資歷、進階職業資歷	擔當高度熟練技工、受過管理訓練
4	高中畢業資歷、進階工匠職業資歷、督導級職業資歷	擔當完全熟練技工、能獨立作業、可擔負督導責任
3	初中畢業資歷、中階職業資歷	擔當熟練技工／半熟練技工
2	初階職業資歷	具備在職場中發揮作用的能力
1	讀寫算資歷	具備進入職場和接受職業訓練的能力

資料來源：Tuck, 2007, p.37.

層級描述之知識、技能和能力三大指標下的描述準則須更結果取向，尤其能力指標宜著重在應用與擔責

在 TWQF 草案中：每一層級描述分爲三個面向，分別爲知識（knowledge）、技能（skills）、能力（competencies）。知識面向注重該層級所擁有之知識的專業化（specialization）、深度（depth）與跨文化洞察力（cross-cultural insights）；技能面向則注重其技能的複雜性（complexity）、技能所屬的類別（type）與在技能中如何展現跨領域與文化的能力（cross-cultural insights）；最後，能力面向則注重個人的性格與特質（characters and capacity）、責任（responsibility）與個人是否具有該領域中之倫理意識（ethical awareness）（侯永琪、呂依蓉、唐慧慈，2019a）。

上述三個面向即描述準則（descriptor criterion），和 TWQF 草案並列的 EQF 與 AQRF 對這些面向描述準則如表 3 所示。Raje 和 Shushma（2017）曾探討許多 NQF 的描述準則後，歸納出知識、技能與能力三項是最常見的層級描述指標，表 3 中 EQF 和 ARQF 雖已不採用「能力」一詞，但 EQF 的「責任與自主」和 ARQF 的「應用與責任」指標仍著重在其左欄知識與技能的應用與擔責能力。TWQF 草案也允當地採用這三項指標，但對比表 3 和其他文獻（如Raje & Shushma, 2017; Tuck, 2007）的論述，未來 TWQF 草案的進一步發展須更著重在結果取向地列出各該層級的知識與技能，以及實際應用這些知識與技能的自主和擔責能力，不宜夾雜非結果導向的元素及讓能力和知識與技能的連結鬆動。

▶ 表 3 ▶ EQF 和 ARQF 層級描述指標的描述準則

EQF	知識（knowledge）：理論和／或事實知識	技能（skills）：認知（含邏輯、直覺和創意思考的使用）技能以及實用（含手工靈巧度和方法、材料、機具與儀器的使用）技能	責任與自主（responsibility and autonomy）：學習者自主和擔責應用知識與技能的能力
ARQF	知識與技能（knowledge and skills）：各種知識（即事實和理論）和用到的技能（即實用和認知技能）		應用與責任（application and responsibility）：實際使用左欄知識與技能的情境脈絡，以及獨立自主的層級（含做決定能力以及為自己及他人擔負的責任）

層級描述是資歷架構的骨幹，須能回應借重 NQF 改革的挑戰

有如 Raje 和 Shushma（2017）所說，NQF 的層級描述是釐清各層級之相當程度和合理化資歷系統的指引，所以層級描述是 NQF 的骨幹。本文主要指出 TWQF 草案的層級數量和層級描述指標之選取均相當允當，但主張未來 TWQF 的進一步發展，其層級描述須能兼容正規、非正規與非正式學習結果，兼顧學習結果的供應面（指教育與訓練供應端）與需求面（指用人單位需求端）；層級描述準則須更結果取向，尤其能力指標宜著重在應用與擔責。發展 NQF 可視為學位、文憑和證書等資歷趨向學習結果導向的典範轉移，也是統合終身學習歷程中正規、非正規與非正式學習結果的改革。Cedefop（2013）提醒以改革為目的 NQF 層級描述須能回應下列四項挑戰，本文引用此一提醒作為結語。

1. 層級描述須能提供對話工具，從而符應不同利害關係人（含勞動力市場

參與者）的利益和需求。

2. 層級描述須能作為機構間比較和發展的參考點，例如用於辨別類似機構之間的績效差異。

3. 層級描述須能提供利害關係人確認須進一步發展的領域。

4. 層級描述須能提供參考點給當前尚在 NQF 之外的資歷（如私有和國際資歷），以利其未來可能加入。

參考文獻

侯永琪、呂依蓉、唐慧慈（2019a）。臺灣資歷架構建置草案：國際人才交流新契機。**評鑑雙月刊，81**，頁 44-45。http://epaper.heeact.edu.tw/archive/2019/09/01/7200.aspx

侯永琪、呂依蓉、唐慧慈（2019b）。資歷互認及資歷架構之國際發展與趨勢：臺灣資歷架構之建構與展望。**評鑑雙月刊，82**，頁 39-43。http://epaper.heeact.edu.tw/archive/2019/09/01/7226.aspx

侯永琪、楊瑩、詹盛如、呂依蓉、池俊吉、周華琪、林佳宜、胡德樂、唐慧慈、許品鵬、郭玟杏、廖鈺容（2019c）。**108 年度我國高等教育資歷架構內涵之研究（摘要）**。臺北市：財團法人高等教育評鑑中心基金會。取自 https://www.heeact.edu.tw/ media/13688/108%E5%B9%B4%E5%BA%A6%E6%88%91%E5%9C%8B%E9%AB%98%E7%AD%89%E6%95%99%E8%82%B2%E8%B3%87%E6%AD%B7%E6%9E%B 6%E6%A7%8B%E5%85%A7%E6%B6%B5%E4%B9%8B%E7%A0%94%E7%A9%B6.pdf

Cedefop. (2013). *Analysis and overview of NQF level descriptors in European countries*. https://www.cedefop.europa.eu/files/6119_en.pdf

Organisation for Economic Co-operation and Development (OECD). n.d.). *The role of national qualifications systems in promoting lifelong earning: An OECD activity*. https://www.oecd.org/education/skills-beyond-school/33977045.pdf

Tuck, R. (2007). *An introductory guide to national qualifications frameworks: Conceptual and practical issues for policy makers*. https://www.ilo.org/wcmsp5/groups/public/@ed_emp/@ifp_skills/documents/instructionalmaterial/wcms_

（2020 年 6 月和陳麗文發表於《臺灣教育評論月刊》，9(6)，頁 38-42）

16 「種梧桐引鳳凰」吸引青年進入製造業

　　製造業提供青年職涯發展機會，青年參與也提供製造業永續發展機會，兩者相需相成。產官學研訓各界須一起努力，吸引青年進入製造業。

製造業是經濟發展所必須推動的關鍵性產業，但人力持續短缺中

　　製造業是將原料轉化為新產品的產業。在我國行政院主計總處 2015 年編印的《產業關聯表編製報告 ── 民國 100 年》中，製造業產品含下列 27 項產業部門：(1) 加工食品；(2) 飲料；(3) 菸；(4) 紡織品；(5) 成衣及服飾品；(6) 皮革、毛皮及其製品；(7) 木材及其製品；(8) 紙漿、紙及紙製品；(9) 印刷及資料儲存媒體複製；(10) 石油及煤製；(11) 化學材料；(12) 化學製品；(13) 藥品；(14) 橡膠製品；(15) 塑膠製品；(16) 非金屬礦物製品；(17) 鋼鐵；(18) 其他金屬；(19) 金屬製品；(20) 電子零組件；(21) 電腦、電子及光學產品；(22) 電力設備；(23) 機械設備；(24) 汽車及其零件；(25) 其他運輸工具；(26) 家具；和 (27) 其他製品及機械修配。2011 年各產業部門占國內生產總額的比重和 2006 年比較，除第 5 和第 7 兩項為負成長外，25 項均為正成長，其中成長幅度較大的產業部門依序為：化學材料（55.4%）、鋼鐵（50.6%）、菸（47.1%）、加工食品（44.7%）。亦即，大多數製造業的產值成長中。

　　前述報告進一步指出，當每一產業部門之最終需要都變動一單位時，對特定產業部門產品需求之總變動量（即特定產業部門受感應的程度）稱爲向前關聯效果，將其標準化後則稱爲「感應度」；當對某一產業部門之最終需要變動一單位時，各產業部門必須增（減）產之數量和（即該特定產業部門對所有產業部門的影響程度）稱爲向後關聯效果，將之標準化後則稱爲「影響度」。主計總處所分析 2011 年 52 個產業部門中，有下列 10 個部門的感應度和影響度都大於 1（表示其向前及向後關聯程度均大於全體之平均值），所以既是可帶動其他產業部門發展，也是配合其他產業部門發展不可缺少，是致力經濟發展所必須推動的關鍵性產業部門。

1. 化學材料（感應度 1.6563 + 影響度 4.9869=6.6432）
2. 鋼鐵（感應度 1.5852 + 影響度 3.0778=4.6630）
3. 石油及煤製品（感應度 1.1345 + 影響度 3.2967=4.4312）
4. 其他金屬（感應度 1.5348 + 影響度 2.1524=3.6872）
5. 化學製品（感應度 1.4339 + 影響度 1.1294=2.5633）
6. 電力供應（感應度 1.0447 + 影響度 1.4232=2.4679）
7. 電子零組件（感應度 1.1857 + 影響度 1.2786=2.4643）
8. 機械設備（感應度 1.3511 + 影響度 1.1024=2.4535）
9. 加工食品（感應度 1.1392 + 影響度 1.1628=2.3020）
10. 紙漿、紙及紙製品（感應度 1.1869 + 影響度 1.0378=2.2247）

　　以上 10 個產業部門都在製造業，是明顯可帶動其他產業部門發展，又是配合其他產業部門發展不可缺少的製造產業部門。製造業關聯民富國強，「一日之所需，百工斯爲備」：製造業提供眾多工作機會，而其「百工」等從業人員亦帶動餐飲、居住、交通和穿戴等需求；製造業也是關係國家財富的重要部門，例如 A 國對 B 國的貿易順差（A 方出口 B 方的金額大於從 B 方的進口金額時），即從 B 國賺進財富；一國的製造業萎縮

時，通常會給該國帶來貿易逆差。亦即「有人斯有土，有土斯有財」當中的「有土」用「有製造業」代入也很恰當。

但是在「有人」方面，我國的製造業已遭遇困境。例如國發會人力發展處林至美處長在 2018 年指出：2015-2017 年在 17 個產業別中，製造業之產業人力空缺人數名列第一、空缺率成長幅度則名列第二，2017 年製造業空缺人數主要集中在電子零組件、金屬製品、機械設備、電腦、電子產品及光學製品、塑膠製品等產業，約占製造業總空缺人數六成。又如 2011-2016 學年在大專校院 11 個學科領域畢業生人數變化中，「工程、製造與營建領域」衰退最多，特別是工程及工程業學門，人數減少 22.1%，STEM 領域畢業生人數及占比亦持續下滑。亦即，製造業很重要但人力或人才供需卻嚴重失調，亟需有效吸引青年進入製造業。

「種梧桐引鳳凰」才能吸引青年進入製造業

在少子化的大趨勢中，青年愈來愈像稀有的鳳凰。傳說中的鳳凰非竹不食、非梧不棲（即只吃竹子果實、只棲息梧桐樹）。年輕人對投入產業、從事職業愈來愈挑剔。製造業須持續提高吸引力，吸引和留住青年。以下是產官學研訓應該一起努力的作為：

1. 發揚產品製作文化

創新和品質屢受世人青睞的日本產品背後即是製造業和造物（ものづくり / making of things / 產品製作）文化。1990 年左右，日本泡沫經濟崩盤後，更體認出透過造物「技術立國」的重要性，舉國大力推動造物，例如融入課程、開設校院科系、舉辦競賽和展覽、表揚達人等等，讓造物文化與價值更為厚實與彰顯，以吸引青少年注意和參與。臺灣的多元文化也該加強造物或產品製作文化的發揚，以涵養青少年對造物的興趣與能力。

2. 落實 STEM 素養與專業教育

由美國發起的 STEM（Science, Technology, Engineering, Mathematics）教育已引進我國，並見諸十二年國教課程綱要，其中 T 和 E 與製造活動直接相關。STEM 教育亟需整合或均衡地落實推動，讓接受國民教育的全體青少年透過 STEM 素養教育探索製造業並可能因而產生興趣，也讓在大專校院或職場提供的 STEM 專業教育，更有效地吸引和培育青年成為 STEM 專業人才。

3. 加快製造業的智慧化步調

製造業常採大量生產而需要大量作業單調的操作人員，這種工作環境常讓年輕人望而卻步。這種製造業須加快數位化、智慧化，以減輕對操作人力的依賴，並藉此轉化從業人員的工作性質為側重在人機協作、控制與管理，以吸引更多青年投入。

4. 加強製造業從業人員的職涯地圖

製造業者宜加強建置比職涯階梯更多路徑的職涯地圖，以引導其從業人員的職涯發展，並多提供員工職涯發展機會和彰顯職涯發展成功事蹟，以激勵在職人員發展職涯和吸引青年投入。

5. 重視就業與就學並進

取得大專校院畢業文憑已幾乎是青年的全民運動，缺人力的製造業宜優先促成青年就業與就學並進，以吸引青年投入。

以上五項就是「種梧桐」的工作，種好梧桐才能吸引珍稀如「鳳凰」般的青年棲息。

（2019 年 11 月發表於《經濟部人才快訊電子報》）

17 跨領域人才培育須先考量的三件事

　　跨領域人才培育或培訓是當前國內教育與訓練界的熱門話題。有位科大校長在談論跨領域的 π 型人才培育時，引用電視上的臺語廣告詞表達 π 型人才很難培育。該廣告詞如下：

　　指向海面的甲男問：不曉得有沒有人可以游到那裡？在旁邊的乙男答：我，年輕時一天來回兩趟沒問題，我兩棲部隊。乙男的妻子走過來說：一個老婆都顧不來了，還兩「妻」。男人不能只剩一張嘴……

π 型跨領域人才被認為該循先 I 型、T 型再到 π 型的過程培育，以免兩頭落空

　　π 型人才常和 I 型人才及 T 型人才相提並論。簡要言之，I 型人才是擁有單一專長的人才，T 型人才是擁有單一專長又具備橫向連結（或宏觀理解）能力的人才（即有一項縱深專長又能橫向通達的人才），π 型人才則是擁有兩種專長又具備橫向連結能力的人才（即有兩項縱深專長又能橫向通達的人才）。大前研一等人認為職場上的人才需求趨勢，是由 I 型人轉變到 π 型人，因而主張當今職前和在職人員該循「點、線、面」的程序：

先精通第一專長成為 I 型人；接著充實有關的衍生知能，擴大視野成為 T 型人；再透過教育、訓練和／或發展，培養第二專長，建立起兩項可互濟共榮的專長使發揮一加一大於二的綜效。由此觀之，π 型人才確實像蛙人部隊成員，要集海陸兩棲作戰專長於一身。大前研一等人主張的培育程序是先成 I 型、T 型人才，再到 π 型人才，否則容易兩頭落空；而且 π 型中的兩種專長須能像人的兩條腿一般：彼此關聯、交互運用。

跨領域人才因科際整合程度不同而多元，培育時須考量職場任務和職涯發展需求

亞歷山大・詹森尤斯（Alexander Jensenius）在 2012 年發表的《領域：單一、交叉、多元、互聯、連通》（Disciplinarities: intra, cross, multi, inter, trans）文章和讀者的回應中，曾就五種領域有如下定義：

1. 單一領域（intradisciplinary）：在單一領域運作。
2. 交叉領域（crossdisciplinary）：由其他領域觀點看待領域。
3. 多元領域（multidisciplinary）：由不同領域取用知識，但仍維持明顯的領域邊界。
4. 互聯領域（interdisciplinary）：整合兩種以上的領域，使成相互關聯、領域邊界模糊的一體。
5. 連通領域（transdisciplinary）：整合兩種以上的領域，使成相互連通、領域邊界消除的一體。

"Interdisciplinary" 也常被中譯為「科際整合」，但在上述五種領域中，由 1 愈往 5 的方向科際整合程度愈高。π 型人才較像是當中的「互聯領域」人才。

詹森尤斯也指出很多人認為他們是在「互聯領域」中工作，但事實上常只是在「多元領域」（甚至只在「交叉領域」）內工作而已。因此，各

教育或訓練班制（program）要培育或培訓何種科際整合程度的人才，得視其對應的職場和任務需求而定。例如在同一產業：大公司通常比小公司分工精細，而較不需要高比例跨領域人才；研發部門通常比非研發部門講求科際整合，而需要較高比例跨領域人才。因此，培育或培訓人才時須針對學員生的短程職場任務需求和中長程職涯發展需求，做科際整合程度的考量。以能促成「適才適所」及「適所適才」為理想，切勿：為整合而整合，為跨領域而跨領域。

領域有大有小，學域和職域有出入，愈立即就業取向的班制愈須對準職域培育

「跨領域」中的「領域」可以是「學術領域」（academic discipline，簡稱「學域」），也可以是「職業領域」（occupational area，簡稱「職域」）。學域如物理、資訊科學等，是知識的分支也是結合範圍特定、關係密切之知識、人員、社群、挑戰和探究的集合名詞，常在學校中有對應的學科領域、在大專校院中有對應的科班系所。職域如機械、物流等，是範圍特定、關係密切之職業的群聚，此一群聚中包含和具體工作領域相關的知識、技能、態度和價值觀，也在學校較就業取向的班制中有對應的學科領域和科班系所。

前述學域和職域除了有橫向類別也有縱向層級之分。所以在層級的軸向上，領域有大、中、小、細等層次之分。當前國內的教育和訓練班制所對應的領域：有的是學域，有的是職域；同一教育階段同名稱科班系所對應的領域層級也常高低不同或模糊不清；有些科班系所已相當跨領域，如生化科技學系、機電工程學系等；有些科班系所名稱雖然相當跨領域，但內部分組課程卻涇渭分明……。

因此，教育和訓練班制欲培育或培訓跨領域人才前，須先釐清：要對

應的是學域或職域（或學域加職域）、跨領域的層級為何（如兩大領域、一大領域加一中領域等）以及要科際整合的程度為何等等。愈立即就業取向的班制愈須對準職域培育人才，愈須講求短程的即學即用。

（2017 年 3 月發表於《經濟部人才快訊電子報》）

18 成本效益才是業界廠家參與職前訓練班制的最大誘因：德國的經驗

二元制 VET 是德國人的主要就業通道之一，對德國經濟與社會做出重大貢獻

　　德國全國人口中，超過半數接受過二元制 VET（Dual Vocational Education and Training / dual VET；以下簡稱二元制 VET），超過四成畢業自二元制 VET。亦即，二元制 VET 是德國人的主要就業通道之一。二元制 VET 指每個 VET 班制都有「廠家（或公司）」和「學校」兩個協調一致的學習場域；學徒（或稱訓練生）70% 時間接受廠家內部學徒訓練和 30% 時間接受職業學校教育。廠家學徒訓練係依據訓練合約進行，廠家須支付學徒訓練津貼，並在真實的工作條件（合格內部訓練師、合時需的設備等）下，提供學徒系統化訓練。職業學校則依據《義務教育法》，由地方政府提供公共職業學校設施、師資等所需財源，免費開設職業科目（占三分之二時間）和普通教育科目（占三分之一時間）。學徒在廠家接受訓練和在學校接受教育所需經費，分別由廠家和政府負擔。

　　根據德國聯邦職業教育與訓練研究所（Bundesinstitut für Berufsbildung, BIBB）的《2017 年資料報告》（*Data Report 2017*），二元制 VET 的一些事實與數據如下：

1. 學徒方面

在被認可的 326 個職業中，共有 130 萬名學徒；所有受僱員工中，有 5.1% 是學徒。參與二元制 VET 就業安全較高（二元制 VET 畢業生就業率高達 95%，而未接受二元制 VET 訓練者就業率只有 80%）；平均每月得到約 854 歐元（2017 年 1 歐元平均約爲新臺幣 36 元，故 854 歐元約爲新臺幣 30,744 元）的訓練津貼。

2. 廠家方面

全國 210 萬廠家中，有 43.8 萬家（約 20.0%）提供二元制 VET 訓練，大部分是中小企業。每年訓練超過 50 萬名新進學徒；施訓後僱用 68% 的學徒當臨時或永久員工；廠家平均每年投資在每名學徒身上 1.8 萬歐元（約新臺幣 65 萬元；其中 62% 爲訓練津貼）；投資額的 70% 可因爲訓練生在訓練期間參與生產的貢獻而回收。

3. 政府方面

須與雇主分擔二元制 VET 經費，2016 年用於二元制 VET 的公共支出達 47.5 億歐元，其中 29 億歐元用於支持 1,550 所提供部分時間 VET 的公立學校，18.5 億歐元用於 VET 的指導、監督，以及後續支持措施；雇主貢獻 77 億歐元（相當於二元制 VET 總淨成本；總成本則爲 256 億歐元）。

二元制 VET 對國家經濟或社會的主要貢獻是促使德國中小企業在國際市場上的競爭力強，青年失業率相對較低（7.2%）。

二元制 VET 高度依賴廠家投資訓練的意願，而投資廠家主要考量在成本效益上符合期望

如前述，德國全國約有二成的廠家投資參與二元制 VET。由於政府的經費只用在公立職業學校，所以廠家內部的訓練成本須由廠家自行負

擔，只有少數特殊狀況（如身心障礙學徒）才會獲得政府的直接補助。勞工經濟學家 Anika Jansen 曾經從文獻歸納出德國廠家參與訓練的原因有下列五項：

1. 生產動機：想從學徒的生產貢獻中獲利。
2. 投資動機：想留住結訓學員和確保未來員工的能力。
3. 篩選動機：想藉由訓練觀察學徒，選擇最好的留任。
4. 社會責任：想提供年輕人投入勞動市場的機會。
5. 聲望動機：想讓客戶、潛在員工和供應商們產生較好的形象。

　　但是，Jansen 指出廠家的參與主要是基於合理的成本效益考量。

　　成本效益分析（cost benefit analysis）是一種尋求如何以最低成本獲得最大效益的經濟（或投資）決策方法。Jansen 指出，廠家投資二元制 VET 訓練的效益可大分為訓練效益（學徒的生產貢獻）、留任效益和其他效益三類，總成本則可大分為學徒成本（薪資和福利）、訓練師成本、實體成本和其他成本四類。

　　由於長期效益的許多層面難以用金錢計量，所以 Jansen 曾採用只計算學徒訓練期間的短期成本和效益進行分析。其訓練效益只計入訓練期間學徒的生產貢獻和由政府等外部取得的補助，總成本則含上述四類。淨成本則為總成本減去訓練效益之差。Jansen 係根據 BIBB 2007 年電腦輔助訪談調查參與訓練廠家中 51 個職業大約 3,000 名人員（訓練負責人、人事主管或企業主）所蒐集資料進行分析。結果發現，2007 年每名學徒的平均總成本是 15,288 歐元，效益是 11,699 歐元（回收率約 77%），淨成本是 3,596 歐元（即廠家須負擔部分）。而在總成本中：62% 是學徒成本，22% 是訓練師成本，12% 是其他成本，5% 是實體成本。在訓練期間，學徒的產能逐年遞增，廠家負擔的淨成本逐年遞減。如就單一職業而言，51個受訪職業中，淨成本最低的是食品銷售員，最高的是工業工程電子技術員。

換句話說，二元制 VET 是在真實的工作條件下實施，學徒一結訓可立即勝任工作，以及大多數的訓練可透過生產活動實施而降低成本及提高學徒學習動機。因此，Jansen 或 BIBB 認為廠家主要是考量投資二元制 VET 訓練的益本比（benefit／cost，簡稱 B／C 比；即總效益／總成本）符合期望，而願意投資。

做好成本效益分析才能說服廠家參與職前訓練班制，和透過相關資訊調整 VET 的政策與實務

以上德國的經驗，給我們的意涵至少如下：

1. 從廠家觀點進行理性的成本效益分析才能說服廠家積極和永續參與

想要廠家積極和永續投資參與有待產學（或產訓）連結辦理的 VET 班制，需要政府機關和研究單位提出理性的成本效益分析資料，讓廠家心悅誠服地參與其中。當然，更應該鼓勵或協助廠家或其公協會進行分析。

2. 宜從成本效益分析的相關資訊做出對應的 VET 政策與實務調整

例如益本比高（即淨成本相對較低）的班制宜多由業界廠家投資參與，公共投資宜側重必要性和／或新興度高但益本比尚低的班制；政府對各種 VET 班制的獎補助該依職種或職類的益本比不同而做出差異化。又如德國二元制 VET 是邊就業邊就學能培育出優質人才，我國「先就業後升學」政策宜改弦易張為「邊就業邊就學」，以同時吸引學生投入班制和廠家投資辦理。

（2019 年 4 月發表於《經濟部人才快訊電子報》）

19

企業的職能評估
宜加廣、加深

　　LinkedIn 學習公司（LinkedIn Learning）在 2019 年調查了全球 1,200多名負責學習與發展的人才發展人員和 2,100 多名職場學習者，發現：企業在數位轉型和能力保鮮期縮短等宏觀趨勢下，正遭遇組織在僱用和發展員工時須迎頭趕上能力需求的挑戰，所以 2019 年度企業人才發展人員最著重的工作在於確認、評估和縮小員工的能力缺口或落差（skill gap）。LinkedIn 認為此一重點工作將是這幾年人才發展的重要趨勢之一。

要找出或確認員工的能力缺口，有賴職能評估

　　2020 年，美國人力資源顧問公司 ITM Group 負責人 Sharlyn Lauby 在人力資源管理協會（Society for Human Resource Management, SHRM）的線上文章中也指出，當前人才管理的五大趨勢之一是「公司須轉向著重員工能力的充實、提升和重新培養（skilling, upskilling and reskilling，可統稱為「增能」）。」像亞馬遜（Amazon）、沃爾瑪（Walmart）和資誠（PwC）等大公司已經宣布未來幾年內重新培養其大部分員工能力之計畫，其他公司也在跟進中，而且會將員工能力的重新培養列為長程的努力，而非一次性的訓練。但究竟要充實、提升和重新培養員工那些能力，也需要借重職能評估（competency assessment, CA）。

職能評估的功能

　　職能評估對組織和員工而言，至少可發揮下列三項功能。其中第一項即前述「找出員工的能力缺口」或「確認員工有待充實、提升或重新培養的能力」的目的。

1. 確認員工及組織職能發展的需求

　　職能評估是根據個別員工執行工作任務的應備職能，評估其實有職能，找出職能缺口（實有和應有的落差，亦稱懸缺職能）。職能缺口即發展需求，有此需求即可進一步規劃其增能的誘因和措施。而由個別職能評估結果的彙整，可進一步了解整個團隊、部門乃至組織的職能缺口和發展需求。

2. 提高員工的工作滿意度

　　職能評估雖然會辨認出員工的職能缺口，但也在確認和肯定員工已擁有的職能，加上會有隨之而來的增能誘因和措施，以促進員工持續改善職能，因而有助於員工的職涯發展。職能的量與質愈契合組織需求的員工，愈會是組織的珍貴資產，所以職能評估做得好，有助於激勵員工的工作滿意度和提高留職率。

3. 裨益員工招募、遴選和人力規劃等作業

　　在職能評估釐清各項工作、績效導向和組織需求的應有、實有和懸缺職能下，可裨益員工招募、遴選以及配合組織策略規劃的人力規劃等作業，更能做對方向及做好工作（do the right thing and do the thing right）。

落實職能本位人才管理與發展，職能評估宜採加強廣化和深化

　　從英語系國家開始，職能本位的人才管理與發展（competency-based talent management and development）已普及全球，學習與發展也愈來愈職能或結果（outcome）本位。但是，職能評估（CA）和職能本位評估（CBA, competency-based assessment）二詞常被混用，且至少有廣狹二義。旨在找出員工能力缺口的評估是狹義的 CA 或 CBA，幾乎等同職能盤點（competency inventory, CI）；廣義的 CA 或 CBA 是透過資料蒐集以判定個人能執行某項（或組）工作任務（task）之程度的程序。就廣義而言，Mark Thomasson 等人指出目前業界常用的 CBA 方法有下列七種：

1. 績效和心理測驗：旨在確定特定職能和特徵（如動機與性格等）的測驗。
2. 職能本位晤談：根據檢視過去行為和經驗，以確定候選人是否具有工作所需職能及評估其未來績效表現的晤談。
3. 能力落差分析：評估者評鑑個人職能各層面，並確定那些職能應加以改善及改善到何種程度的程序。
4. 模擬練習：透過如角色扮演和案例分析等技術，針對任務或過程進行模擬的評估活動。
5. 360度回饋：就個人職能由組織內不同層級的相關人員取得回饋的方法。
6. 自我評估：利用個人本身獨到見解，內省地確定那些能力和行為需要加以改善的方法。
7. 評估中心：國人習稱為評鑑中心，是一種有雄心但昂貴的方法，此法組合了不同形式評估，包括客製化的進階模擬、各種練習以及廣泛的心理測驗，由員工或候選人參與其中做出重要決定。

　　以上七種方法之間並非互斥，例如職能本位晤談也可能有主管、同儕甚至部屬參與而結合了 360 度回饋。而歷來 CI 常用的檢核表法則被批評落入科層體制的勾選取向（tick-box approach），須注入新的方法使

更具績效取向。前述七種方法都相當程度關照職能著重的是「能做到」或「能做出」（can do），以及 CA 或 CBA 著重的是「展現出來的才能」（demonstrated ability）或「能測量或觀察的知識、技能和才能」，其中「才能」（ability）是指針對執行之任務應用所需知識和技能的複合行為表現。所以 CA 或 CBA 須講求方法，不可讓職能評估侷限在只評估表層（如職能中的知識片段，未觸及應用知能的複合行為表現）和局部（如只著重可用文字、影音或其他編碼的方式文件化的顯性知識或專技性的硬能力，未顧及不易文件化的隱性知識和非專技性的軟能力）。

國內不少企業宣稱根據職能基準（或模型、架構）採行職能本位訓練，但是在教育與訓練過程中和結束時，沒有進行客觀的職能評估或簡化到只用筆試甚至只用測驗題測驗學員的顯性知識，而失之偏狹或流於形式。美國心理學大師 Maslow 和 Kaplan 的工具律（Law of the Instrument）說：如果你僅有的工具是錘子，所有東西都會被當作釘子對待。意指過度依賴熟悉的工具是一種認知偏差。職能不是釘子，筆試卻只是錘子。進行 CA 或 CBA 要勇敢和明智地加廣評估方法，深入評估出員工實有職能，而且融入在教育與訓練的形成性和總結性評估中。

綜言之，透過職能評估找出和弭平人力缺口是當今企業人才管理與發展的重要趨勢，而國內企業宜針對職能評估加廣和加深格局與視野，以設定方向、選對方法和落實方案。在努力前進中，不可落入醫學作家 Anne Watkins 所提醒的下列三種行為類型之一：(1) 鴕鳥──忽視職能評估趨勢，而認為它很快會退流行，或者是無關緊要；(2) 孔雀──只針對一組（或部分）職能進行，就停頓下來；(3) 河狸──僅準備自己的評估資源，只顧自己。要成功推動職能評估至少需要：(1) 有透過協作確認出的明晰職能依據；(2) 有員工發展和組織任務兩者並重的文化；以及 (3) 有評估和學習與發展相互扣合的程序。

（2021 年 3 月發表於《經濟部人才快訊電子報》）

20 選才方法正朝多元化、科技化和前瞻化發展

近幾年來，產、企業人士常說「缺人才」是經營的困境之一。但是有如韓愈所說「世有伯樂，然後有千里馬。千里馬常有，而伯樂不常有。故雖有名馬，祇辱於奴隸人之手，駢死於槽櫪之間，不以千里稱也。」所以除了育才專責單位要更加努力之外，產、企業也要在選才、用才、育才和留才等方面更加用心著力，才不會讓人才被埋沒或被蹧蹋。選才的理想是透過「適法適用」促成「適才適所」，亦即用對（或合適）的方法，選出對的人才，放在對的位置。但是，選才方法的趨勢（即發展方向）正在多元化、科技化和前瞻化，有必要加以掌握。

近百年來選才方法的效度已被陸續驗證，認知能力和其他方法的組合測驗具高效度

鐘錶的效度是指能精準報時的程度，選才方法的效度則是可精準選對人才的程度，亦即選才時評估分數和當今或未來工作表現（或其他工作相關結果如訓練成功、生產力、曠職、離職）的關聯程度。歷來，企業界最常用的選才方法是下列三種方法中的部分或全部：審閱履歷（或申請表及其附件）、運用測驗和辦理面談（又稱口試或面試）。1998 年，Schmidt 和 Hunter 統合分析了過去 85 年間人員甄選研究之後，呈現了可預測訓練

和工作績效的 19 種選才方法的效度，並指出對工作績效具有最高效度和效用的是下列三種複合方法：(1) 認知能力（GMA）加誠信測驗（平均效度為 0.65）；(2) GMA 加結構化口試（平均效度為 0.63）；(3) GMA 加工作樣本測驗（平均效度為 0.63）。前兩種複合方法又適用於甄選新進和在職人員。認知能力（cognitive ability）又稱一般心智能力（general mental ability, GMA），含推理、知覺、記憶、口語和數學以及解決問題等能力。例如美國勞工部就業服務局發展的有關工作之認知測驗「通用性向測驗」（General Aptitude Test Battery, GATB）即被廣泛運用在探討認知能力（主要為一般心智能力）和工作績效的關係。

2001 年，Robertson 和 Smith 彙整前述選才方法中的 18 種方法，將其效度分布繪製成圖 1，並指出大多數的選才方法之效度在 20 世紀後 10 年已被驗證至具可靠程度，而圖 1 所列則是主要選才方法的最佳清單之一。圖 1 中兩側各種方法的訓練和工作績效之效標關聯效度也相當一致。

近 10 年來選才方法的發展正在多元化、科技化和前瞻化

近 10 年來，企業選才方法的主要趨勢在多元化、科技化和前瞻化，說明如下：

1. 多元化

前述各種方法的單獨效度（如圖 1 所示工作樣本測驗、認知能力測驗和結構化口試是效度最高的三種單一方法）以及兩種以上方法組合後（如圖 1 所示認知能力測驗 + X 方法）的高效度被驗證出來，助長了選才方法被多元化運用的信心和實務，而新的方法和複合方式也在陸續出現、成熟或被運用，例如學習敏銳度測驗（learning agility test）愈來愈成熟。選才方法的多元化除了方法數量的增多之外，在形式上也

▶ 圖 1 ▶

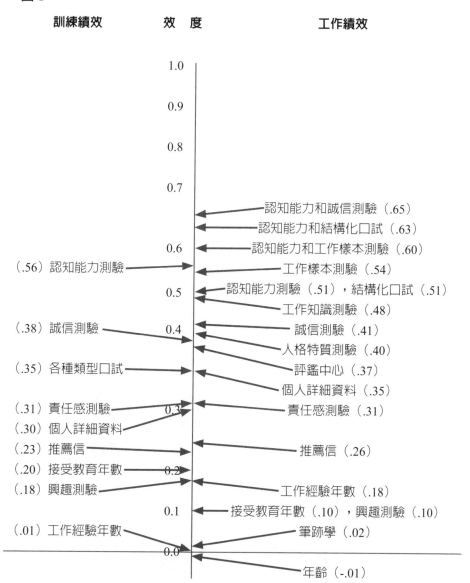

註：本圖來源為 Robertson, I. T., & Smith, M. (2001). Personnel selection. *Journal of Occupational and Organizational Psychology, 74*, 441-472。經原作者書面同意中譯及重繪。

在多元化，像多面向甄選（如主管面談加同儕面談，使更接近 360 度回饋的理想）、多階段甄選（如先用電話訪談篩選出入選者，再安排下一階段的試用日實作）等，都是形式乃至數量上的多元化。在甄選前增加預選程序也可視為方法多元化中多階段甄選的一種，例如荷蘭儀式（Rituals）美妝公司會透過線上媒體（含影片、互動遊戲等）提供應徵者公司的工作介紹和進行簡單的適合度評估，以校準應徵者和公司雙方的期望並進行公司品牌建立，再由公司預／初選出入選者安排其參加後續實體面談。

2. 科技化

選才是勞力費心的程序，善用科技常可節省人力、提高品質和裨益創新。隨著科技進展，愈來愈多科技被用在選才，例如利用應徵者追蹤系統（applicant tracking system）從履歷資料庫中篩選出候選人、透過視訊進行遠距面談、借重資通科技辦理線上和離線的電腦化測驗甚至是電腦化適性測驗（computerized adaptive testing, CAT）……。線上測驗常被用在從大量的應徵者中篩選出入選者進行後續甄選，而且防弊措施也在逐漸成熟中。晚近人工智慧（AI）科技也加入行列，且常兼具支持招募和甄選功能，例如美國 HireVue 軟體公司為需要招募人才的公司提供求職面試影視平台，該平台使用 AI 評估如銷售代表和電腦工程人員等應徵者的特性（如面試時臉部表情）和公司角色需求的契合度。

3. 前瞻化

2008 年，Salgado 和 Moscoso 指出人才甄選模式可大分為傳統和策略兩種。傳統模式假定待甄選員工將長期執行相同的任務，所以甄選的重點放在確保員工具備執行任務所需的知識、技能和才能（KSAs）乃至經驗以裨益生產的穩定性，因而常用的選才方法是審閱履歷、辦

理口試和借重推薦。策略模式假定工作任務是在持續變動，所以甄選的重點放在檢測待甄選員工的學習力、創新力、創造力、調適力、靈活力、溝通力、責任感、自我激勵力、情緒穩定性、資通能力、虛擬團隊合作能力等等，因而其選才方法會用 GMA 測驗、大五人格（Big Five——開放度、責任感、外向性、親和性、神經質）人格測驗、結構化行為口試、情境判斷測驗、結構化推薦信、線上評估系統，而有時像績效、訓練、職涯進展、反生產行為、退出和放棄、自我評估等也會被連結運用。

受到自動化等衝擊，企業產品或服務的生命週期愈來愈縮短，員工工作任務的變動性也愈來愈大，所以選才方法也正由傳統模式向策略模式傾斜，以預應、前瞻地甄選出可適應變動的人才。例如美國波士頓顧問集團（Boston Consulting Group, BCG）曾指出公司併購前如果沒有預應地遴選出併購後所需中階和基層人才，在財務上會蒙受重大損失，所以 BCG 利用數位化和自動化選才工具幫客戶（如亞太銀行）在併購前配合併購後的公司目標進行選才。

掌握趨勢才能掌握優勢，用對方法方可事半功倍。本文介紹的選才方法三大趨勢之概要如下：(1) 選才方法的數量和形式正在多元化，企業宜先從效度高的方法考慮起，再衡酌成本等要素，選出最適合的方法，並留意方法的推陳出新；(2) 選才方法結合科技輔助有如虎添翼之勢，企業借重科技前可先從節省人力考量，再加入提高品質和裨益創新的考慮；(3) 固然檢核候選人執行當前和近程任務所需的知識、技能和才能仍是當今選才方法的重點，但也須考慮候選人適應變動的能力，變動性大的企業尤須選用能檢測候選人學習力、創新力等軟能力的方法或工具。

（2021 年 2 月發表於《經濟部人才快訊電子報》）

21

有大量應徵者的人才甄選可善用職業問卷評估

在人才爭奪戰中，人才的招募、甄選與聘僱講求快狠準，意思是作業要明快、決斷要果敢、選擇要精準。因為如果讓應徵者覺得招募、甄選與聘僱過程效率低、負擔重……，許多優秀人才會望而卻步以致雇主不容易爭取到好人才；程序繁瑣和曠日費時也可能導致招募與聘僱的成本提高。

2010 年美國聯邦政府改革招募與聘僱程序，開始重用職業問卷評估

2010 年 5 月，美國白宮發布了歐巴馬總統簽署的改善聯邦招募與聘僱程序的備忘錄，該備忘錄著眼於當時聯邦聘僱程序的複雜性和低效率，阻礙了許多高素質的人尋找和獲得聯邦政府工作，因此要求各部會和機構大修招募與聘僱公務人力的方式，讓求職端能夠透過容易懂的聘僱程序申請聯邦工作，徵才端又能有效率和快速地甄選出高素質的候選人。因而，職業問卷（occupational questionnaire, OQ；和職能治療界常用的 OQ 有別）評估法被借重來取代傳統的方式（筆試、短論……）。

職業問卷是透過涵蓋關聯出缺職位職責與職能之應徵者訓練與經驗的一系列選擇題、是非題和檢核題（即選填所有適合題／check all that apply），篩選或評比出合格應徵者的評估工具，運用這種自陳式問卷評估時通常由應徵者在線上自行就該職缺各特定領域評估其能力等級和／或符合程度，並上傳履歷和文件提供佐證，所以職業問卷的屬性是針對特定工作的自我評估問卷，常用在有大量應徵者下、面試前的初步篩選。美國人事管理局（Office of Personnel Management, OPM）的選擇題示例如下：

選出你和各級員工口語溝通以取得或提供資訊的程度：

A. 我不曾有執行此一任務的經驗。

B. 我曾和別人用口語溝通取得或確認資訊或提供例行資訊。

C. 我曾和主管、經理或辦公室人員口語溝通，通知他們所做決定、發現問題或須進一步採取的行動，或者解釋組織的方案或服務。

D. 我曾在部門或組織的簡報和會議上做過簡短的口頭報告，以傳達方案活動的資訊或描述新的組織政策對作業責任的影響。

E. 我主導過針對高階管理人員或行政主管，進行高度技術性或複雜性的內容簡報或課程講授。

這類問題的 A-E 選項即能力等級，通常依序對應的是 1-5 分（5 分最高），雖然有些重要內容領域裡的題目會再被加權計分，但通常所有題目中須有九成以上（如 30 題中有 27 題以上）答 4 或 5 分的應徵者才有較高的勝算被篩選進入下一階段甄選。但是，應徵者答 4 或 5，在履歷和／或支持文件中須提出充分的敘述和佐證，也要留意將會是後續面試時的重點。

美國聯邦政府採用職業問卷評估是基於該方法有下列優點：

1. 職位可以相對便宜和高效率地填補：如常採 10-40 題選擇題由應徵人 20 分鐘內填妥，可既快速又省錢地篩選出具最低門檻資格或最合格的人選。

2. 應徵者負擔低、表面效度高：相對於改革前採敘事式論述，改採線上選答降低了應徵者負擔，而且所有應徵者都須作答，表面效度高。

3. 可評估各種職能和學經歷：可透過問題評估工作所需職能中的各種 KSA（knowledge／知識、skill／技能和 ability／才能），而徵才機構也熟悉訓練和經驗的評量。

4. 容易自動化處理也少有測驗安全問題：易納入自動化人員配置系統（automated staffing system），也透明化到幾乎不會發生傳統測驗的洩題等安全問題。

企業也愈來愈廣用職業問卷評估法，但該法有其挑戰，也有所改善

在美國聯邦政府重用職業問卷評估法篩選應徵者之前，就有公、私部門採用這種名稱不見得叫「職業問卷」的自我評估（或自我評鑑）問卷（或報告），但是自 2010 年起職業問卷評估法被聯邦政府重用之後，有愈來愈多的公司用在有大量應徵者的招募上。

美國聯邦政府重用職業問卷評估法之後，約有 80% 的聯邦機構職缺（主要為行政職）已用職業問卷取代傳統筆試進行篩選。大量應徵者的職業問卷通常藉助評鑑軟體篩選出適量候選人，再由人資人員（常搭配內容專家）比對候選人的填答情形、履歷內容和佐證資料，決定那些候選人可進入下一階段甄選。

但是，單就職業問卷評估法而言，也遭遇下列挑戰：

1. 發生回應膨脹或緊縮：即填答得太浮誇或太保守，而須在徵才時聲明經查證屬實的浮誇自陳會被扣分或取消應徵資格。

2. 效度和鑑別力低：自陳問卷難以評估如誠信或誠實等職能，也因為「最佳」選項很公開透明到回應易趨同至難以區辨出最合需求的應徵者，因此須搭配其他評估法（如接續的面試）。

3. 較不適用於基層職位：主要在較難用應徵者的經驗評估和工作職責與職能的符合情形。

4. 常須費時發展：如需要有工作分析資料以選取職能等。

5. 常須內容專家參與：如參與決定問卷內容領域的權重等。

　　因此，2020 年 6 月美國川普總統發布第 13932 號行政命令，禁止聯邦機構在競爭性的職缺只採用自陳式的職業問卷選才。換句話說，職業問卷仍可使用，但須搭配其他非採自我評分的工作相關職能評估法。

　　美國內政部 2020 年的《評估實務指引》曾就職業問卷和其他評估法的可行搭配方式舉二例如下：(1) 詢問應徵者的技術能力或專門知識的職業問卷，和一般職能（人際能力、團隊合作、寫作）評估搭配，就通過篩選者再進行技術能力或專門知識面試；(2) 詢問應徵者的技術能力或專門知識的職業問卷，和較人工方式的評估法搭配，例如搭內容專家小組面試、結構化履歷審查或就通過篩選門檻者進行寫作樣本評鑑。

　　綜上所述，企業也愈來愈廣用職業問卷評估法，有其挑戰但也已有所改善。所以當今美國聯邦政府仍然重用職業問卷評估法甄選公務人力。

有大量應徵者的招募，可善用職業問卷搭配其他評估法進行甄選

　　總而言之，無論公私部門、公民營事業單位，在有大量應徵者下，都可善用職業問卷評估法選才。但基於前述該法遭遇的挑戰和已有的改善，更基於已有許多研究文獻指出適切混成的選才方法具有高效度，而方法的選擇也須考慮應徵者負擔和成本等等。職業問卷法有應徵者負擔和成本都低等優勢已如本文前述，所以在有大量應徵者下，值得考慮採用職業問卷法搭配其他評估法進行選才，例如在我國可參採或搭配各目的事業主管機關所發展的職能基準，或依職能基準所舉辦的能力鑑定，皆可作為快速選才的選項。

　　美國功績制保護委員會（U.S. Merit Systems Protection Board）曾在 2014 年報導職業問卷法選才預測未來工作績效表現的效度是 .15-.28，在常用來評估應徵者的訓練與經驗之單一方法中，屬中高效度。但結構化面試的效度則高達 .51，所以先用職業問卷法篩選出候選人，再進行後續的結構化面試（甚至加認知能力測驗），也是一種可供參探的選項。

　　　　　　　　　　（2022 年 3 月發表於《經濟部人才快訊電子報》）

22 解決技職教育「學用落差」須校準供需和翻轉觀念

　　媒體報導蔡英文總統於 2016 年 3 月出席臺北海洋技術學院 50 週年校慶典禮時，指出推動技職教育改革首要解決學用落差問題，並提出解決此一問題的三個方向：(1) 鼓勵學校找到定位；(2) 強化校園和職場連結；以及 (3) 讓職業教育授課和證書彈性化。學用落差的確是技職教育問題，三個解決方向也需要更多的討論和行動才能從千頭萬緒中，逐步解決這個盤根錯節的問題。

技職教育的學用落差現象

　　技職教育的理想在透過個人職業能力和職業生涯的發展，促進整體經濟發展和社會安定，所以相當講求學用配合和即學即用。從這個理想看，當前技職教育的主要困境在學用落差既廣泛又嚴重。例如從 2014 年臺大政法中心完成的《適性分流學制研究》報告至少指出下列有關學用落差現象：

1. 國內製造業和服務業適合普通或科技大學畢業生的從業人數比例不超過四成，每年卻培育出同齡裡達七成的大學畢業生，即產業界沒有足夠的工作機會給大學畢業生。

2. 國內產業以中小企業為主，最欠缺的是勞力工、製造業作業員或體力工、服務業工作人員，但多數大學生不願意「屈就」。

3. 2003-2012 年（以下簡稱 10 年間）製造業相關培育人才有減少過快，而服務業相關培育人才則有增多過快的趨勢。

4. 網路世代已來臨，10 年間電腦系統及資料處理服務業從業人數增幅為 39%，但大專電算機學門畢業人數減幅為 43%。

5. 10 年間批發零售及金融保險業從業人數增幅為 9%，但高職與大專在商管方面的畢業人數減幅為 23%。

6. 10 年間高職畢業人數增加最多的群科為餐旅群、外語群、設計群（其中餐旅群畢業人數從 1999 到 2012 年由 3.3% 增加到 17.2%）。畢業人數減少最多的群科為電機與電子群、家政群、機械與動力機械群等。

7. 10 年間大專畢業人數增加最多的學門是設計、民生、社會服務，而減少最多的則是工程、商業及管理、電算機。

8. 10 年間大專民生學門與高職餐旅群科的畢業人數都大幅增加（分別為 201% 及 102%），相對應的住宿及餐飲業從業人數雖然也增加，但幅度（120%）卻不及大專與高職人才培育增加的幅度；同樣的情形也發生在設計學門或群科。

學用落差的主因在供需沒校準好

　　以上學用落差現象導致雙高問題——產業界找不到人（「缺工率高」），畢業生找不到事（「失業率高」）。學用落差的主因在供應面和需求面之間沒有校準好，沒校準好的主要介面是：

1. 產業界需求的人才類別和層級與技職學校培育人才的類別和層級：例如某些產業需求的是基層技術人才，學校卻在培育眾多中高階管理人才。

2. 產業界的勞動條件與技職學校畢業生的期望：例如某些職業勞動條件嚴

苛（如工時長、風險高），新進人員短期內離職率很高（如新進一年內離職率超過半數）。

3. 學校的課程與教學和學生學習能力、性向、興趣：例如前端的職涯輔導與諮商和職涯試探教育做得不夠、不好，學生在懵懵懂懂下就讀；加上後端技職學校沒能力和／或意願再提供各種「分流課程、教學與輔導」促進學生「適性發展」。

4. 中小學階段培養的學生能力和技專校院需求的學生學習能力：例如在中小學階段前端未落實培養學生習得該有的語文和數理基本能力，後端技職學校又沒能力和／或意願協助學生「拔尖補底」。

校準供需先要翻轉觀念

因此，解決技職教育學用落差問題該著眼於校準供需，而這種校準（alignment，或稱調校）須供需兩端互動。要校準供需先要有下列翻轉觀念：

1. 技職教育該從出口端出發：技職教育講求「以終點為起點」（或「以終為始」），即先要釐清出口端人才和能力需求，再針對入口端招進適切學生，透過適切科系班制和課程與教學等有效協助學生從入口端邁向出口端。

2. 產業界要擔負起提前育才的直接責任：業界人力資源管理講求人才的徵、選、育、用、留，其中育才對象不單是在職員工，也該針對還在學的潛在職前員工。即業界雇主（或其公協會）該提前和學校通力合作，透過產學合作等管道擔負起培育業界所需人才的責任。

3. 制度須更鼓勵進修－工作－進修交疊前進的技職教育：我國的技職教育曾經為了促進學用合一、供需平衡，非常鼓勵循進修－工作－進修前進，目前則已落入進修－進修－進修為主流，需要翻轉。

4. 公共投資須重視技職：世界各國都講求重用技職教育救窮脫貧和弭平貧富差距，所以加重公共投資在技職教育。我國對技職教育投資相對偏低的慣性該被翻轉。

5. 主政機關該加強合作發揮綜效：解決學用落差問題除了產學雙方，更需要政府機構一起努力。過去事關人才培育選、用、育、留的政府機關常各行其是，彼此之間的溝通協調不夠，所以有關未來的產業發展方向、人才需求、人才培育等層面的資訊和作為須做得更多和更好，技職學校才會有適切資訊和政策引導適切科系與課程的開設和調整等，也才會可能有振興技職教育減免學用落差的可行方案出現。例如國發會、教育部、勞動部和經濟部該建立和善用學用資料庫系統，提供資訊和進行適切調控。

在國際技職教育改革與創新的趨勢中，也有不少值得我們「採百家之長，走自己路」的方案，例如韓國的升學競爭很激烈，李明博總統在主政時為了振興逐漸式微的高職教育，和高科技業者透過產官學合作設立精英型師傅高中（Meister High School），提供促進業界參與、學生職場學習、有利進修－工作－進修交疊前進的技職教育，受到全世界的矚目。其他，還有許多方案都值得我們參考，以加速解決學用落差的問題，裨益產業升級和降低失業率。

（2016 年 8 月發表於《經濟部人才快訊電子報》）

23

人才培育有待業者和
學校搭檔共創雙贏

　　約 10 年前，筆者在主持的普通大學裡，著眼於學生到業界職場實習的重要性，但多數業者認為暑期實習太短不表歡迎。筆者因此推動大四學生每週職場實習四天、回校上課一天，廠家須按月支給實習生 2 萬 6 千（26K）元津貼，但不能要求實習生畢業後一定須到實習廠家就業的方案。當時，有一家專注半導體 IC 測試的合作廠家，先後接受了 61 名大四實習生，結果這些實習生畢業及服役後全數到該廠就職。該廠家負責人為了讓學生提前理解半導體 IC 測試，一開始就捐贈校方價值一千多萬元的測試設備，並派遣工程師協助校方設計課程，且告訴校方也要讓那些沒打算到該廠實習的學生修這門課，因為他是要為整個業界培育人才。筆者常以曾經和這麼重視人才培育的廠家負責人合作過為榮。

產學搭檔育才：設備、師資、教材、實習與職涯資訊

　　業界的人力資源管理理念是把人當資源或資產，主要工作是根據需求選才（人力規劃和徵才找人等）、用才（配置、任用和調派等）、育才（教育、訓練、發展和績效評估等），以及留才（考核、薪酬和汰留等）。其中，育才的對象不僅須含括新進和在職員工，也須如前述 IC 測試廠家，把對象向前延伸到潛在員工。就這種延伸而言，國內外業界廠家最常做到

的是：

1. 贊助學校教育（如提供業界教師、捐贈設備器材等）使學生在校內學習即能貼近工作世界。

2. 提供學生體驗職場經驗（如參觀、見習和實習等）的機會。

3. 提供職涯資訊（如派員參加學校課程委員會或顧問委員會等），以利學校規劃和調整班制、課程、教學、評量和安置學生實習與就業，以及學生選擇適切職涯。

　　但是，國內不少事業單位並非如此。它們需要人才時主要是靠挖角而非育才，又常將剛踏出校門的畢業生批評得一無是處，但在面對年輕人從學校轉銜到職場的過程，卻看不到這些單位做出什麼貢獻，即使提供了學生實習機會也偏向是打工性質（即實習安排欠缺厚實的學習元素）或條件苛刻（如要求校方支付費用和調派教師到實習場所全時帶領實習生）。

　　依美國勞工部的職能模型，個人從學校順利轉銜到職場所需能力，由共通到分殊可分為下列五層次：個人效能能力（如誠信）、學術能力（如溝通）、職場能力（如團隊合作）、產業廣域技術能力（如能源產業的能源效率），以及產業部門技術能力（如再生能源產業的風能）。有人用大樹來比喻這種層次關係，說：愈前面、愈共通的能力愈像樹根和樹幹部分，愈能在家庭和學校培養；愈後面、愈分殊的能力愈像大樹開枝散葉部分，愈須靠業界用人單位培養，或由用人單位和學校合作培養，以成就學生由學校轉銜到職場的「最後一哩」（last mile）。

加強「學校教育」、「職場體驗」、「職涯資訊」三大面向

　　德國實務取向的二元制教育（dual education）舉世聞名。不僅約六成的德國年輕人接受二元制教育，半世紀以來這種學制還陸續輸出到歐洲其他國家、中國、印尼和秘魯等國。二元制教育是由「學校」和「業者」二

元合作，由職業學校、職訓學院或建教合作大學等學校提供理論教育，由業者提供工作崗位上的實務訓練。二元制的專業範圍主要是工程、商業、資訊科技、護理和社工，職訓學院或建教合作大學的二元制畢業生畢業時可兼取學士（或碩士）學位及工商協會發給的證書。經二元制培訓的畢業生能學以致用，業者也因而無人才匱乏之虞，所以營造出相得益彰、互利雙贏的局面。業者在二元制教育從人才培育的「第一哩」（first mile）全程參與到「最後一哩」。有人說二元制是在人才培育上，業者和學校合體或搭檔（twinning）共創雙贏（win-win）的最佳範例。

誠然，要仿效或超越德國二元制教育無法一蹴可及，但是國內業者加廣和加深地參與前述三大面向絕對必要。業者該和鄰近的學校搭檔，建立起緊密的夥伴關係，以：

1. 積極透過器材捐贈、獎助學金提供、業師支援和參訪活動安排等方式「贊助學校教育」。
2. 加大「提供職場體驗」的涵蓋範圍、人次數量和時間彈性，使能在全學年、各年級安排見習和實習，且該盡可能朝提供有酬實習努力。
3. 透過提供諮詢意見和工作需求等形式「供給職涯資訊」，使職涯資訊既合時宜又對學校和學生都實用。

總而言之，我國的人才培育有待業者和學校搭檔以共創雙贏（twinning for win-win）。而政府部門更須扮演好障礙排除者和利基促進者的角色，以下是一些政府部門該加強的重點工作：

1. 體認小型企業育才能力相對有限，也常未獲學校青睞，而最需要公共支援。
2. 引導所有學校重視和業者搭檔以豐富學生學習經驗。
3. 表彰業者和學校搭檔育才的最佳實務。
4. 提供更簡單明瞭的指引，以利學生平安保險和實習場所安全衛生和危

機評估等配套有明確依循。

5. 促使業者和學校都周知有那些資源與支援可用於搭檔育才。

（2016 年 11 月發表於《經濟部人才快訊電子報》）

學習與發展

人才發展的課題

24

STEM 教育的迷思與真實

迷思不破，真相不白

美國已故總統甘迺迪（John F. Kennedy）曾說：真相的大敵往往不是蓄意、做作和不誠實的謊言，而是持久、有說服力和不切實際的迷思（myth）。的確，迷思是普遍被相信但實際上謬誤的想法或看法，需要即時和努力地破解或釐清，才不會以訛傳訛、誤導方向、積非成是。

美國和我國等眾多國家推動中的科學、科技、工程和數學（Science, Technology, Engineering and Mathematics, STEM）教育，主要著眼於當前及未來對 STEM 素養和專業的需求愈來愈高，以及多元和優質的 STEM 人力和工作對長期經濟發展和個人職涯發展至為重要。但是 STEM 推動至今，已蓄積了不少迷思。迷思不破，真相不白。

至少有五項 STEM 教育迷思亟待釐清

五項亟待釐清的 STEM 教育迷思如下：

1. STEM 教育只適用於想當科學家、技師、工程師和／或數學家等專才的人？

事實：人人都需要 STEM 素養教育，職前和在職 STEM 專門人才則須

在素養教育之外再有 STEM 專業教育。

STEM 教育可大分為 STEM 素養教育和 STEM 專業教育。STEM 素養教育協助每個人學會 STEM 基本必要（即核心）能力、運用 STEM 於真實生活、試探 STEM 生涯（含學涯和職涯）和奠定繼續進修 STEM 專業教育的基礎。STEM 專業教育培育從事 STEM 工作的專才。也因此，STEM 教育是全民教育，不是只為數理資優或績優的學生而設計。而主要在中小學實施的 STEM 素養教育和主要在大專校院實施的 STEM 專業教育除了靠學校教育，也靠家庭教育和社會教育等，例如科學或科技取向的博物館也常為學童、成人和學校分擔 STEM 素養教育的責任，在職 STEM 專才的專業發展則很依賴職場學習與發展進行終身學習。

2. STEM 教育都學些數理和技術等硬邦邦的東西？

事實：STEM 教育兼顧數理等硬能力（hard skills）和解決問題等軟能力（soft skills），強調手腦並用透過有趣的活動進行。

STEM 教育人士常引用科技密集的 Google 公司肯定軟能力價值的案例：Google 公司起初是從最好的理學院僱用成績優異的電腦科學畢業生，但是後來為了探究各種科技工作和 STEM 教育背景的關係，檢驗了員工招聘、解僱和晉升等資料，發現 STEM 工作者的職涯成功不僅是 STEM 教育背景，更落在八個最重要屬性上，這八個屬性的前七名是具有同情心、出色的溝通能力、批判思考和解決問題能力等軟能力。因此，Google 公司重新配置招聘流程，並將招聘重點從科技專長擴展到如 2018 年心理醫師艾爾摩（Tim Elmore）指出的 Google 新人須具備下列軟能力：擔當好教練、善於溝通和傾聽、擁有對他人的洞察力（即社會覺察）、對同事的同理心和支持、批判思考、解決問題、連結複雜想法。這種軟能力是可改善本身表現、促進有效互動以及和技術能力互

補而有利就職與發展的職能。雖然軟能力是個人職能，但是 STEM 教育講求透過有趣的協作式實作專題（collaborative hands-on project）活動，一舉培養學生該交織在一起的軟、硬能力。

3. 學生年紀較大較適合接受 STEM 教育？

事實：STEM 教育內涵有簡有繁，應該及早由簡而繁提供學生學習。

STEM 素養或專業知能都有賴多年的學校教育予以充實。這些知能或其對應的教育內涵（含目標、內容和方法等）有簡有繁，該及早由簡而繁提供學生學習。例如技術能力教育平台 Treehouse 的總裁 Ryan Carson 說：早點開始吧！透過在幼年時期開創有趣、實作和有教育性的科技體驗，更容易激發年輕人內心的好奇心，並培力（empower）青年人使能追求高薪的科技職涯。及早接受 STEM 教育將增大孩童成為 STEM 專才的機率，而且孩童無須先學好數理再投入 STEM 學習。

4. 資源未齊備無法實施 STEM 教育？

事實：應該邊實施 STEM 教育、邊充實所需資源，藉由自助人助形成良性循環。

推動 STEM 教育會面對許多挑戰，例如學校的專長教師、設施設備和器材、優質課程與教學設計欠缺。但是，並非萬事俱備才能實施 STEM 教育。例如針對 STEM 專長教師不足，可仿照致力於提供全美學前至十二年級（PreK-12）學生和教師轉化型學習經驗的非營利組織 Project Lead The Way（PLTW）舉辦 STEM 教師研習營培力教師。而教師對 STEM 教育的專業發展也有「生—熟—巧—師—神」的層次，在向上提升層次的過程中可借重較高層次教師的帶領或輔導推進 STEM 教育。唯有自助人助才能得道多助。

5. STEAM 教育正在取代 STEM 教育？

事實：STEM 教育仍是主流，STEAM 和 STREAM 等 STEM+X（或 X's）提醒 STEM 教育須更注意整合 X 或 X's。

STEAM 是 STEM+Art（藝術），STREAM 是 STEM+Reading（閱讀）+Art（藝術）……。主張 STEM+X 或 X's 之人士的論點主要指陳 STEM 對 X（或 X's，如創意、閱讀等）的重視程度不足，所以須加 X（或 X's）予以補強。但是，教育人員如 Harper 即針對 STEM 和 STEAM 教育主張：繪畫和雕塑等藝術固然和創意有高度關聯，但是藝術只是體現創意的眾多方式之一，在 STEM 的數理中創意是要透過科學語文表達解法和新構想；因而不支持多加 X 或 X's，以免「天上星多月不明」。又如，2016 年美國教育部所發布勾勒未來 10 年 STEM 教育願景的報告書《2026 年的 STEM：STEM 教育的創新願景》（*STEM 2026: A Vision for Innovation in STEM Education*）中，也持續支持由 STEM 教育的內容和方法創新以兼容並蓄多元訴求，而非多加 X 或 X's。

以上論述指出正在全球蓬勃發展的 STEM 教育有待釐清文中列舉的五項迷思，使在消極面不致誤導方向，在積極面更加速度推進。

（2019 年 9 月和粘惠娟發表於《經濟部人才快訊電子報》）

25 職場微學習的迷思與真實

　　微學習（microlearning）是著重可即學即用的技能、透過相對微小的學習單元（或模組）進行學習的活動。隨著人們注意力跨度（attention span）愈來愈縮短，又愈來愈習慣透過社交媒體之類傳遞簡短內容的數位管道接收和傳送資訊等因素，常利用影片、文章、部落格、電子書、音檔、PPT 檔、資訊圖表和工作輔具等方式傳播內容的微學習在職場上愈來愈成熟。

大公司運用微學習的成功經驗以及相關研究的發現正為微學習的推廣加持

　　傳統的職場學習與發展活動和員工的日常工作常是分開的，員工可能須離開工作崗位去聽演講、參加研習班或研討會，但是微學習採取盡可能不打擾員工工作的方式，讓員工在工作流程中獲得好消化、可專注的短小課程，即學即用。

　　許多大公司已經累積了運用微學習的成功經驗。例如 2019 年底，庫拉納（Yashika Khurana）敘述提供叫車服務的 Uber 公司因為每天都有新的司機加入服務行列，而面對雙重挑戰：第一重是要如何快速訓練他們為

廣泛大眾提供服務；第二重是要如何以經濟有效的方式維持各地的服務標準。Uber 自 2017 年中，開始借重一家人力平台透過微學習和行動使用，協助公司進行人力訓練、參與和交流。準司機們透過智慧型手機平台，經由微小單元的互動片段輕鬆地學會如何使用 Uber app 和提供優質服務。經過長時間的微學習實驗組和對照組進行結果比較，發現：實驗組司機比其他組司機快 13% 加入服務行列；實驗組司機的乘客所做顧客滿意度評比高，又大幅減輕 Uber 公司支援中心的壓力也大幅降低成本；司機可以隨時隨地使用平台，81% 的司機同意該 app 提供了很好的指導。隨後，該平台被選爲涵蓋歐洲、中東及非洲三個地區 42 個國家的 Uber 主要線上訓練平台。其他像沃爾瑪（Walmart）公司的安全實務訓練、IBM 公司的雲端專長課程借重微學習的成功案例，也常被提及。

此外，2018 年，任職於美國 Aura Interactiva 全球數位學習公司的古鐵雷斯（Karla Gutierrez）彙整了一些微學習相關研究的發現，指出：(1) 採用一口食大小（bite-sized）單元之微學習的學習遷移（即學以致用）效率比採用較長時間的傳統訓練課程高 17%；(2) 八成的學習與發展專業人員喜愛微學習，因爲他們的學習者偏好微學習；(3) 員工對微學習短小課程的參與度會比長時間的訓練課程高 50%；(4) 微學習每次 3-7 分鐘的學習時間，和人類的工作記憶能力和注意力跨度相稱；以及 (5) 相較於傳統訓練課程，微學習課程的發展成本可節省至 50%，發展速度則可加快到 300%。以上大公司運用微學習的成功經驗以及相關研究的發現，都正在加持微學習的推廣。

微學習的迷失須及時被釐清才能被正用和善用

但是，大眾對微學習的概念與實務還有一些似是而非的迷思（myth），須及時被釐清才能正用和善用微學習發揮其成效，而上述大公

司的成功經驗和相關研究發現也是在正用下的結果。以下是三項主要的迷思與眞實：

1. 把學習內容切細即成微學習？

事實：並非時間短的學習就是微學習——微學習的簡潔單元既須具有獨立性也須具備必要的關聯性。

忘掉如何打領帶的某員工某天須打領帶參加會議，他在影片分享平台上搜尋到 3 分鐘的打領帶學習單元，就邊看邊做將打領帶的問題解決了；該單元也發揮了隨選訓練（on-demand training）功能。如何打領帶是個小主題的微學習，微學習也適用於許多大主題或複雜主題。設計大主題的微學習課程時，單純地把課程內容分解成片片段段的微小單元，而忽略了單元本身須具有自我俱足的獨立性和須具備與其他單元的關聯性時，即偏離微學習的理念；換句話說，並非短小的學習內容就是微學習單元。每個微學習單元須簡潔到只針對一、二個目標，提供學習者精準、必要的資訊量協助學習者順利達成目標。就大主題而言，學習者在經歷由應學課程（或大單元）化整爲零後的幾個微學習單元之中及之後，須能再化零爲整，由在好幾個短小單元的小成功積累成大進步，且其學習彈性、可消化性、學習保持力等都須比用傳統方式學習爲佳。所以，微學習單元須設計成像積木塊或拼圖片一般，既獨立自主又關聯整體，單元本身除了內容輕薄短小之外尚須講求目標、方法和評估等，而各單元的組合須彰顯明晰的學習計畫和學習進路。易言之，微學習是需要費心設計的。

2. 微學習可運用在所有課程和取代其他學習策略？

事實：微學習無法適用所有課程和取代各種策略——微學習只適合採短期專注策略的課程，但很適合和其他學習策略相輔相成。

微學習不是萬靈丹，只能適法適用，無法運用在所有課程；所以，課堂

學習、線上學習、師徒式指導（mentoring）、教練（coaching）等等現
有的職場學習策略都還會存在，但是當前微學習已成為它們強勁的競
爭和合作夥伴。就競爭面而言，微學習採用的是短期專注策略，學習
者針對需求瀏覽內容、記住內容、繼續向前，亦即每次針對一、二個
問題近接短打、各個擊破、向前推進。許多公司常用微學習訓練員工
如何遵循程序、執行任務或使用特定的工具或技術（例如觀看 2 分鐘
的影片學會如何設定工作電腦）。單用微學習較不適合用在學習廣泛、
基礎知識，也較不適合用來學習分析能力或探討因果關係，以及的確
須動手示範教導時。就合作面而言，微學習很適合和其他學習策略相
輔相成。例如員工完成某一主題的線上學習（甚至課堂和線上混成學
習）之後，可借重微學習提供有效的工作崗位上教練做增強。例如員工
可透過智慧型手機、平板電腦等行動載具，快速找到微學習單元來協
助其完成任務。美國人才發展協會（Association for Talent Development,
ATD）曾調查 596 名人才發展專業人員，其中八成多反應他們用微學習
來增強或補充正規訓練。

3. 微學習務須使用行動載具？

事實：微學習不見得非借重行動載具不可——微學習也可借重其他方式
呈現內容，但利用行動載具如虎添翼。

微學習所依據的一步一步來（或一點一點來）的逐步學習原理由來已
久。所以像傳統圖卡、檢核表和其他學習輔具都可用作呈現微學習內
容的媒體。但是電腦和網際網路的出現和支持學習使微學習更加便
捷，而行動科技的出現又使微學習得以大步開展，幾乎人手一機的智
慧型手機更已成為當前微學習的利器。所以當今的微學習是古老方法
結合了現代科技，相得益彰，未來也會持續相輔相成。

　　因為智慧型手機等行動載具可和微學習巧妙搭配，國外已有不少微
學習供應商（或平台）建立了影片、文章、遊戲、部落格、電子書、音

檔、PPT 檔、小測驗、資訊圖表和工作輔具、SCORM（Sharable Content Object Reference Model／共享式內容元件參考模式）課程等形式的行動友善學習內容庫，優質的學習內容有針對的對象和主題，可供職場員工依其需求隨選學習。

　　總而言之，和傳統的訓練比較，微學習在消極面可避免每次長時間大量學習發生「貪多嚼不爛」的問題；在積極面，像由傳統固定三餐制改採「少量多餐」或在三餐進食之外依需求做「餐間補強」方式，較易進食、較好消化、較合需要。但是要彰顯微學習的成效，須能破除本文上述的迷思，使能被正用和善用。

（2021 年 6 月發表於《經濟部人才快訊電子報》）

26 職場師徒式指導的迷思與真實

　　作家萊拉（Lailah Akita）說：「任何大有成就的人都得過偉大師傅（mentor）的啟發。」知名主持人歐普拉（Oprah Winfrey）則說：「師傅就是那個讓你看見內在希望的人。」師徒式指導（mentoring）愈來愈被運用在促進組織內在職員工的學習、成長與發展。這是一種由人（即師傅）透過互動和關係取向，分享其知識、技能和經驗，以啟發、培力（empower）和協助他人（即徒弟／mentee）職涯、學涯和生活進展的半結構化指導方式。這種指導有時稱爲學長制、導師制等，時間可能短暫也可能維持數年。

　　《管理師傅電子報》（*Management Mentors Newsletter*）指出，師徒式指導有下列徒弟、師傅和組織三贏的好處，這些好處可作爲組織開辦師徒式指導方案的目標：

1. 對徒弟而言

- 增進徒弟的自信心。
- 協助徒弟學會將職涯掌控得更好。
- 教導徒弟如何表達意見和被聽到。
- 教育徒弟如何在重要領域（如溝通、技術能力、變革管理和領導能力）接受回饋。

- 改善徒弟的人際關係能力。
- 提供徒弟重要的網絡聯繫。
- 幫助徒弟更理解組織的文化和潛規則（兩者對徒弟成功至關重要）。

2. 對師傅而言

- 允許師傅對組織和徒弟做出回饋。
- 提醒師傅主動而非被動傾聽。
- 鼓勵師傅分享知識因而增進自我價值感。
- 增強師傅的人際關係能力。
- 教導師傅組織內的其他領域或部門。
- 協助師傅本身職涯的再活化。
- 導致師傅更具個人滿意度。

3. 對組織而言

- 向組織內部人員傳達管理階層願意投資於成員／員工。
- 向外界展現組織重視其成員／員工。
- 培養更忠誠的員工／成員而導致人員離退率降低，也因而節省招募和訓練費用。
- 開創更積極的工作環境。
- 培養師傅的領導能力。
- 鼓勵徒弟從資淺成員／員工成長為未來的領導。
- 促進組織內部的合作與和諧感。

　　《向上管理》一書作者瑪莉（Mary Abbajay）也指出採納師徒式指導的組織有較高的員工參與度、留任率和知識分享力。因而《財富》（*Fortune*）報導美國 500 大公司中，有 71% 提供師徒式指導給員工。又如 2016 年勤業眾信千禧世代調查（Deloitte Millennial Survey）發現：那些打算待在他／她們原工作場域 5 年以上的千禧世代（指在 1980-2000 年

間出生的人）當中擁有師傅的（68%）是沒師傅的（32%）兩倍多，亦即有師傅指導者留任意願較高。

職場師徒式指導蓬勃發展中，但有些迷思亟待釐清

　　職場師徒式指導正蓬勃發展中。例如作家凱特（Kate Harrison）在其 2019 年刊登於《富比世》（*Forbes*）的文章中指出：師徒式指導已成為各種規模公司的營運必需品，而不僅是較大型企業才需要。2019 年員工 5,000 人以下的雇主開辦師徒式指導方案的增加了 200-300%。現在，即使是員工少於 1,000 人的公司也在投資師徒式指導方案。但是，大眾對正蓬勃發展中的職場師徒式指導仍有不少迷思（myth，普遍被相信但實際上謬誤的想法或看法）而亟待釐清。以下是一些國內較常見的迷思與事實：

1. 師徒式指導就是諮商或教練？

事實：師徒式指導除了傾聽、忠告和教導，更伸展至激勵和培力。師徒式指導不只傾聽心聲、提供建議和傳授經驗，更伸展至激勵和培力。

師傅幫徒弟明辨自己的課題和／或目標以及找出解決課題和／或達成目標的途徑，但會尊重徒弟有不同於師傅擁有的想法或經歷的途徑。師傅指導（mentoring）和教練（coaching）的主要差異在：前者較關係導向──引導重於教導，後者較任務導向──教導重於引導。前者較發展取向，後者較績效取向。直屬主管在前者常間接參與，在後者則是重要角色。

2. 師徒式指導由資深者指導資淺者？

事實：師徒式指導也包含由資淺者指導資深者的反向指導（reverse mentoring）。

師徒式指導除了傳統上由資深者指導資淺者外，由資淺者指導資深者

的反向指導常涉及技術、社群媒體和當前趨勢等主題。亦即師徒關係的建立是根據特定領域或情境的知能供需，而非年資長短或年紀長幼。

3. 師徒式指導都採面對面互動？

事實：師徒式指導除了面對面的實體互動，也採透過資通訊科技的虛擬互動，以及實體與虛擬混成互動。

固然師傅須能讓徒弟方便見到或聯絡上，但社群媒體等資通訊科技已為師徒式指導開創了虛擬互動和混成互動的更大可能。在 2017-2018 兩年間師徒式指導中手機和平板的使用率增加了 20%。資通訊科技和虛擬互動擴大了安排或選擇師傅的範圍，和促使師徒式指導更能隨時隨地發生，微型指導（micro-mentoring）也因而增多。微型指導是一種內容更少、每次時間更短、方式更非正式的指導。資通訊科技使徒弟可以在指尖輕鬆獲得眾多聯繫。

4. 師傅和徒弟都採一對一配對？

事實：師徒式指導的師徒可以是一對一、一對多、多對一或多對多。師徒式指導除了一對一配對的個別指導，也可以有一對多、多對一或多對多的搭配。

因而發展出含有多名專家師傅和／或多名徒弟的團體（或小組）指導（group mentoring），在團體指導中也會重視每個徒弟有獨特的學習需求和發展目標。

5. 師傅的指導永遠是對的？

事實：沒有人是完美的，師傅也不可能完美或包辦一切。徒弟的課題解決、目標設定和途徑擬訂通常是沒標準答案的非結構化或半結構化事件。

師傅和徒弟在師徒式指導過程中會一起成長，而且徒弟可借重多名

師傅和多元方式（如師徒式指導加結構化在職訓練／structure on-job training，簡稱 SOJT）彌補單一師傅和單一方式的不足。尤其「師傅引進門，修行在個人」，不能期望單一師傅包辦徒弟全盤的學習、成長與發展。

以上論述指出師徒式指導正蓬勃發展，值得各種規模和性質的組織善用使獲致徒弟、師傅和組織三贏的好處，而釐清文中列舉的五項迷思正是善用師徒式指導所必需。

（2019 年 9 月和陳泳霈發表於《經濟部人才快訊電子報》）

27 非正規和非正式學習對醫事人員職場學習與發展的重要性

前言

　　醫事人員依現行《醫事人員執業登記及繼續教育辦法》(2016)，係指擔任下列醫事職務的人員：醫師、中醫師、牙醫師、藥師、藥劑生、護理師、護士、物理治療師、物理治療生、職能治療師、職能治療生、醫事檢驗師、醫事檢驗生、醫事放射師、醫事放射士、營養師、助產師、助產士、心理師、呼吸治療師、語言治療師、聽力師、牙體技術師及牙體技術生、驗光師及驗光生。前述繼續教育辦法規定醫事人員執業，每 6 年應完成下列四種繼續教育課程之積分數：專業課程、專業品質、專業倫理、專業相關法規。應達最低積點數依人員別分為 72 點和 120 點兩種。例如目前護理人員每 6 年須取得 120 點繼續教育積點，方能更新執業執照，護理人員可透過網路及通訊課程累積各 60 點積分，即可取得繼續教育課程 120 點。在前述專業課程等四種屬性分類中，專業品質、專業倫理及專業相關法規繼續教育課程之積分，合計至少應達 12 點，其中應包括含感染管制及性別議題之課程；超過 24 點以 24 點計。另專業課程及專業品質合計至少應取得 96 點（衛生福利部，n.d.）。

　　上述繼續教育的本質是終身學習、成人教育，目的在透過學習以利解

決問題。王文彤（2018）透過訪談收錄八名醫事人員對繼續教育積分課的心裡話，其中有人肯定繼續教育立意良善，但給予負面批評者多，主要反應是：上班忙還要去上課很累；許多課沒切合需要，浪費時間和金錢。換句話說，他／她們相當一致地覺得目前透過開課實施繼續教育的方式和內容有待改善。從繼續教育課程提供者的角度，Concorde Career Colleges（2019）指出：繼續教育是一種讓醫療保健（health care）團隊了解他們所從事領域之當前研究的方法。例如自 2000 年以來，冠心症的死亡人數減少將近 40%，患者結果的改善是由於新藥物、新科技、新療程和強調預防（如降低膽固醇）所致。向醫療保健專業人員（包括醫療技術和護理人員）傳達這些進展的方法之一就是透過繼續教育課程。

的確，上課只是醫事人員學習與發展的方法之一。有如服務對象超過 26,000 個醫療保健組織，任務在透過支援安全、高品質和患者中心的保健以減輕病人受苦的美國 Press Ganey Associates 轉化部主管 James Merlino（2015）所說：作為醫生，我們被告知學習和教育永遠不會停止──它們是終身的。我認為教育有多種形式：正規（formal）、非正式（informal）和最重要的是體驗（experiential）。確實，正規和非正式學習之間還有非正規（non-formal）學習，但是非正規和非正式學習管道常被忽略。生前大力倡導企業環境非正式學習的美國未來學專家 Jay Cross 將正規和非正式學習分別比喻為搭公車和騎腳踏車。正規學習像搭公車：司機決定公車的去向，乘客們一起搭車；非正式學習則像騎自行車：騎車者選擇目的地、速度和路線（Connie Malamed, 2010）。

的確，學習管道像交通方式，可以有很多選擇，而且該適切組合使用以發揮綜合效益（synergy，簡稱綜效）。例如某一旅程中陸上使用火車、公車和腳踏車，空中使用飛機，海上使用遊艇。醫事人員的職場學習與發展也該如此。本文介紹醫事人員職場學習與發展的主要管道和重要指引，再建議醫事人員非正規和非正式學習與發展結果之採認取向。

醫事人員職場學習與發展的主要管道

醫事人員執業中須主導或參與高比例的知識密集型服務活動（knowledge-intensive service activity, KISA），終身繼續學習非常重要。在圖 1 所示 KISA 接受者知識需求程度和提供者知識供應程度所構成的四象限中，以往醫療保健常被歸類在「服務提供者的知識供應程度高」但「服務接受者的知識需求程度低」的第 II 象限中，原因是病人（即醫事人員服務的接受者或外部顧客）常被認為不必然須具備高度的醫療保健知識。但當今醫療保健的落點正從第 II 象限向第 I 象限移動，例如讓病人和醫療服務提供者共同做出醫療決定的「醫病共享決策」（shared decision making, SDM）即是促進這種移動的推力之一。而且，醫事人員的外部顧客除了病人，還愈來愈須和其他機構的醫事人員和非醫事人員互動。

醫事人員除服務前述外部顧客，也須服務（如透過溝通、教導、協作等）許多同樣是醫事人員的內部顧客；當醫事人員接受同事或主管乃至部屬的服務時，其角色即成為服務的接受者。此時的 KISA 即落在第 I 象限。以上無論是第 I 或第 II 象限的活動，都高度需要醫事人員（兼具服務的提供者和接受者）透過學習增能以提高工作效能。

▶ 圖 1 ▶ KISA 的知識需求與供應程度四象限（第 III 象限係雙低象限，不屬知識密集範圍）

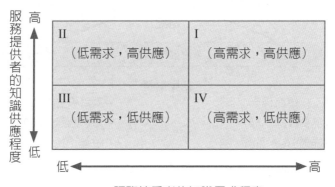

資料來源：王弓等，2003。

　　醫療院所等醫事機構有賴員工參與以提供內、外部顧客優質服務，Bersin（2015）指出：大多數的參與研究顯示學習機會、專業發展和職涯進展是員工滿意度的主要驅動因素。員工必須有正規和非正式的發展機會，讓他們可在工作崗位上學習、接受發展性工作指派，並在需要幫助時找到支持。具有強大學習文化的組織開發新穎產品和程序的可能性提高92%，產能提高52%，搶先將產品和服務推向市場的可能性提高56%，比同行的獲利率提高17%，員工的參與率和留任率也提高30-50%。醫事機構和醫事人員的醫療保健服務需要與時俱進和持續改善。例如著眼於醫院正面對更顧客導向、照護更須專業整合和持續品質改善的挑戰，Soklaridis（2014）主張該以圖2所示的「醫院當學習型組織」（hospital as a learning organization）當作如何改善醫院照護的解答。在一個學習型組織裡，人員、團隊和組織都需要積極有效地透過學習開創、留存和傳遞知能，以解決問題和促進個人、團隊和組織發展。

▶ **圖 2** ▶ **Soklaridis 主張的醫院當學習型組織模型**

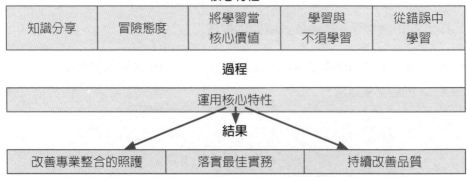

核心特性

知識分享	冒險態度	將學習當核心價值	學習與不須學習	從錯誤中學習

過程

運用核心特性

結果

改善專業整合的照護	落實最佳實務	持續改善品質

結果舉例

- 實施工作負荷標竿
- 建立品質改善基線
- 按月提供 HCP 回饋

- 落實學生安置評鑑
- 增多團隊會議的對話
- 脫離「責備文化」

註：HCP—Hospital Casemix Protocol／醫院病例組合協議

資料來源：Soklaridis , 2014, p.834.

　　單就個人層面而言，學習的管道或方式常被分成正規、非正規和非正式三大類（Dib, 1987; OECD, 2007, 2019），如下述及表 1 摘略。

1. 正規學習（formal learning）

屬性是在正規場合（如學校、訓練中心）進行的教育或訓練，是有組織、結構化且有學習目標的學習；其學習者有學習意圖，目標在獲得知能或職能。例如員工職前教育與訓練系統或雇主安排的職場訓練。

2. 非正規學習（non-formal learning）

屬性介於正規和非正式學習之間；相當有組織及可有學習目標，但場所和方法頗具彈性的學習；學習可以在個人的主動下發生，更可能是較有組織之活動的副產品（無論活動本身是否訂有學習目標）。例如通訊學習、遠距學習、開放系統，像 YouTube EDU 和 TED & TEDx 等平台都在提供這種學習。

3. 非正式學習（informal learning）

屬性常是從經驗中學習或單純就是經驗，是未經組織、未就學習結果設定目標的學習；無學習意圖持續讓個人接觸學習情境（如職場、住家或閒暇時間）。例如從看電視、讀書報、在社群群組聊天等活動中不經意學到知能。

▶ 表 1 ▶ **正規、非正規和非正式學習之區別的摘略**

	活動有組織？	有學習目標？	學習者有學習意圖？	活動時間長短？	結果導向資歷？
正規學習	是	是	是	相當長和／或全時	是[1]
非正規學習	是或否	是或否	是或否	相當短或部分時間	否[2]
非正式學習	否	否	否	不適用	否

註：1—幾乎總是；2—通常否

資料來源：OECD, 2007, p.4.

　　上述正規、非正規和非正式學習之理論發展，主要焦點在於學習活動所在的學習環境特徵是專用、非專用或兩者混合。例如父母在家裡教導學前階段的小孩扣鈕扣、拿筷子⋯⋯，對小孩而言這是在非專用學習環境中的非正規學習。如果小孩也上幼兒園（屬專用學習環境），園裡教師也教他／她同樣的技能，則小孩就混合這些技能的非正規和正規學習。在學校求學階段的學生固然在學校（屬專用學習環境）經歷許多正規學習，但是也同時從家庭、社會和線上等非專用學習環境經歷許多非正規和非正式學習。依此類推，進入職場的成人一方面須更借重從職場（屬非專用學習環境）進行非正規和非正式學習，另一方面由於成人已較學前和在學階段成熟而更有可能進行自我導向學習（Smith, 2008）。

　　醫事人員是成人，成人隨時隨地都可學習。經濟合作暨發展組織（Organisation for Economic Co-operation and Development, [OECD], 2019）的文獻指出：在某些國家，整個成人學習都落在非正規學習，在某些國家則大多數的成人學習是正規的。當今全民終身學習和成人繼續學習都被主張該就三種類型的學習混合或交互使用，因此愈來有愈多的國家或組織承認非正規和非正式學習結果。前述我國醫事人員依法須有的在職繼續教育積分則僅承認正規和非正規學習，且以正規學習為主。就職場而言，職場可以是組織（如醫事機構）、辦公室、廚房、商店、農場、網站，甚至是住家。組織中的人力資源發展典範正朝向職場學習和績效（workplace learning and performance, WLP）轉移，職場已成為在職人員的學習中心，職場學習是透過學習解決職場問題的動態過程。Lee 和 Lai（2012）曾探討 43 篇期刊、雜誌和報紙文章，回顧和綜整出全球職場學習在人／who、事／how、時／when、地／where、物／what 五方面的趨勢如下：(1) 參與者和促進者的類型正多樣化；(2) 新興方法著重在實務本位的系統學習；(3) 學習時間的彈性正在增大；(4) 從工作中學習和透過系統化教導學習獲得高度評價；(5) 職場學習文化以及從業人員的積極參與和學習動機成為

關鍵要素。換句話說，包含醫事人員在內的在職人員職場學習有賴正規、非正規和非正式管道適切交互或混合運用以發揮綜效；而經濟合作暨發展組織等機構和人員所倡導的採認正規、非正規和非正式三種學習結果，也該愈來愈受到重視。

醫事人員職場學習與發展的重要指引

　　學習與發展（learning and development, L&D；也常被稱為「教育、訓練與發展」和「訓練與發展」）是人力資源的一個次領域，其目的在透過增能提高個人、團體（或團隊）和組織的績效。學習與發展的 70-20-10 模型（亦寫成 70：20：10 或 70/20/10 模型）是在職人員有效學習傾向的比例模型——約 70% 學自工作崗位或經驗、約 20% 學自其他人或社群、約 10% 學自結構化的學習事件（Kajewski & Madsen, 2012；見圖 3）。起初，此一比例是綜整自 191 名成功高階主管人員接受調查時自陳（屬直覺反應）。當時的綜整結果是 70% 學自艱難的工作、20% 學自其他人員（主要是老闆）和 10% 學自課程與閱讀（Jefferson & Pollock, 2014）。Kajewski 和 Madsen（2012）曾舉一家屬性接近醫事機構的專業服務公司運用實例如下：

▶ 圖 3 ▶ 70-20-10 模型示意

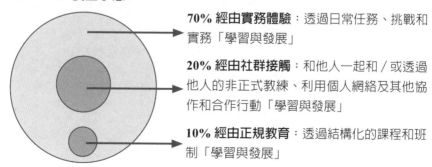

70% 經由實務體驗：透過日常任務、挑戰和實務「學習與發展」

20% 經由社群接觸：和他人一起和 / 或透過他人的非正式教練、利用個人網絡及其他協作和合作行動「學習與發展」

10% 經由正規教育：透過結構化的課程和班制「學習與發展」

資料來源：Rutherford, 2019; PageUp, 2017.

1. 70% 的學習是在工作崗位上，例如拓展工作、專題、解決問題、客戶互動、輪換指派。
2. 20% 的學習是透過其他人進行的，例如社交網絡、績效對話、工作跟學、實務社群和和社交活動。
3. 10% 的學習是正式的或規範的學習與發展。

　　70-20-10 模型提醒大家實務體驗和社群接觸兩層面非正規與非正式學習管道的重要性，在模型運用方面對三項比例該把握原則、切合需求，不宜僵固不變。例如在一些揭示運用該模型的組織中，採用的比例是 40% 工作實務、30% 教練和教導，以及 30% 的正規訓練，其他組織則分別為 50%、30% 和 20%（Kajewski & Madsen, 2012）。

　　表 2 所列是 70-20-10 模型中的學習與發展活動舉例，醫事機構和醫事人員有必要從中了解學習與發展活動的多樣性已到隨時隨處可學的地步並善用這些活動，且體會擔責及擴大和延伸職責等是學習與發展的大好機會。運用 70-20-10 模型的挑戰主要在提高接受度和衡量影響力（Kajewski & Madsen, 2012）。就提高接受度而言，學習與發展的提供者和接受者都須將學習與發展管道由傳統正規課程外溢到如表 2 左、中兩欄所列的活動。就衡量影響力而言，可透過直接觀察、紀錄監控、資料審查、差異比較和案例研究等方法進行職能評估（Cognology, 2019），但是非正規和非正式學習的投資報酬率（return on investment, ROI）衡量確實還有很多努力空間。當 70-20-10 模型的影響力高且正向時，也會提高模型的被接受度。

▶ 表 2 ▶ 70-20-10 模型中的學習與發展活動舉例

70：實務體驗	20：社群接觸	10：正規教育
擴大工作範圍 • 承擔新的責任 • 增大控制幅度 • 增大做決定權 • 代理主管出席會議 • 經協調的職位互調和借調 • 發展特定的專長領域 **透過解決實際問題學習** • 參與解決實際業務問題的小組 • 在實際情境中應用新學習 • 使用回饋以嘗試用新方法解決舊問題 • 承擔新工作並解決角色中的問題 • 引進新技術和方法 **透過新體驗學習** • 支持和／或管理變革 • 為休假的同事代理工作 • 接觸其他部門／角色 • 與公認的專家合作 • 參與專案或工作小組 • 參與經協調的職位互調和借調 • 承擔工作拓展型任務 • 增加與高級主管的互動，例如會議、簡報 • 騰出時間進行日常研究和閱讀 • 承擔領導活動，例如領導團隊、擔任委員會成員、執行董事	**回饋** • 尋求非正式回饋和工作會報 • 尋求建議、詢問意見、聽取想法 • 獲得主管／教練指導 • 使用 180° 或 360° 回饋工具和程序 • 利用主管／報告的 1 對 1 會議進行檢討 **較結構化的師徒式指導（mentoring）和教練（coaching）** • 擔任師傅指導者角色／獲得師傅指導 • 參與反向指導（reverse mentoring，如由資淺者指導資深者新興科技） • 教導同事如何完成工作的組成部分 • 建立或加入線上專業社群社群和分享 • 預應地透過團隊／網絡進行學習 • 敘述工作／維護部落格（blog） • 策展並分享與同事所做的事情 • 建立內部和外部個人網絡／聯絡人	• 課程、工作坊、研討會 • 數位學習課程和模組 • 專業資格檢定／認可 • 認證 • 正規教育，例如大學、商學院

70：實務體驗	20：社群接觸	10：正規教育
• 參與跨功能介紹、現場／客戶訪問 • 研究和應用最佳實務 • 應用標準和流程，例如六標準差（Six Sigma） • 與顧問或內部專家合作 • 接觸參與內部／外部演講活動的機會 • 在年度預算流程中發揮作用 • 進行面試 • 參與專案審查 • 承擔社區活動和志工服務	• 在專業／產業協會中扮演積極的角色 • 參加有主持人的小組討論 • 參加行動學習組合（action learning sets）	

資料來源：DeakinCo, 2018.

醫事人員非正規和非正式學習與發展結果之採認取向

　　人力資本（human capital）是指存在於人員身上具有經濟價值的知識、技能和體能等素質因素的總和，亦即是人員身上具有經濟價值的才能和體能。適切的正規、非正規與非正式學習都是人力資本的來源。如表 1 所列，非正規和非正式學習較傾向是自我導向學習（self-directed learning）。又如本文前述，我國醫事人員依法須有的在職繼續教育積分則僅承認正規和非正規學習，且以正規學習為主。採認非正規和非正式學習與發展資歷會促成大眾對非正規和非正式學習與發展的更加重視，因而間接促進醫事人力成本的蓄積。

　　OECD 已將非正規和非正式學習與發展結果的認證擺進亟需推動的政策議程之一。OECD（2019）指出這種認證將使經由非正規和非正式學習的人力資本更具能見度和更有價值，可讓人員更快速、有效率和便宜地

完成正規教育（因為已經透過非正規和非正式學習精熟內容的人員無須再去修課或上課），以及可協助雇主和員工有更好工作供需媒合。因此，OECD 已規劃出這種認證的步驟和程序供會員國或其他國家（含我國）參採。例如圖 4，即 OECD 提出的非正規和非正式學習認證程序三階段。

▶ **圖 4 ▶ OECD 提出的非正規和非正式學習認證程序三階段**

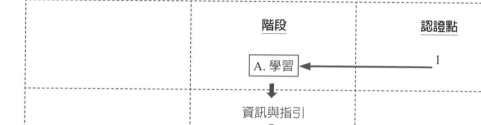

資料來源：OECD, 2019.

　對應圖 4 中的 A 至 C 各階段及其重點如下：

A.認證學習情境──具或不具結果驗證（或檢定）的學習本質

　A1.發展職能和公司內部再訓練的可能參照點。

A2.連結薪酬、分類或晉升。

A3.安排契合式訓練程序（例如公司內部繼續訓練）。

B.認證個人的學習結果

B1.確保在公司內部的就業。

B2.安排檢定程序或競爭性的入學考試。

B3.提供訓練許可或免除部分訓練課程。

B4.授予無須額外訓練的檢定資歷。

B5.提供輔導、職能評估、尋求重新部署（建置程序、進行職能評估、尋求專業認同）。

C.認證資歷——借重授證的資歷（重視授予「成績單」的實用價值，以及攸關利害關係人社會經濟和地理脈絡中的權益和用途）

C1.確保檢定資歷在特定社會脈絡中的社會價值。

C2.確保在特定部門、部門間或專業領域的專業價值。

C3.確保在公司內部的就業（Werquin, 2010）。

　　我國於 2018 年 6 月 13 日修正的現行《終身學習法》第 13 條規定：「中央主管機關為鼓勵國民參與終身學習意願，對非正規教育之學習，應建立學習成就認證制度，並作為入學採認、學分抵免或升遷考核之參考。前項學習成就認證制度，應包括課程之認可、學分證明之發給、入學採認、學分抵免之條件及其他相關事項；其辦法，由中央主管機關定之。」2014 年 11 月 4 日修正的現行《非正規教育學習成就認證辦法》第 3、4 條則分別規定：「終身學習機構申請認可之非正規教育課程，以學分課程為限，分為單科學分課程及學程學分課程二類。」和「前條申請認可之非正規教育課程，以其內容具有相當於專科學校副學士班及大學學士班開設之人文、藝術、社會或科技領域之課程為限。」換句話說，我國現行法規對非正規和非正式學習成就認證仍侷限在側向正規學習的部分非正規學習，而尚有很大的努力空間。上述 OECD 的建議和歐盟 CEDEOP（2015）的《歐洲非正規和非正式學習認可指引》都可作為我國的重要參考。

　　非正規和非正式學習與發展結果的認證有好處但需要成本，宜選擇領域先試行推動再擴大推廣。試行推動的目的主要在檢視可行性和進行必要修正。因此，試行（trail）或前導（pilot）的領域也該慎選。總部設在英國倫敦的匯豐銀行（Hongkong and Shanghai Banking Corporation Limited, HSBC）爲提供全球商務人士一份詳盡的外派工作生活指南和全方位的財務規劃建議，每年針對世界各地的外籍人士進行大規模問卷調查（調查項目含醫療產業），並將調查結果公布在網路上。匯豐銀行的這份外籍人士調查報告，對臺灣的醫療產業給予非常高度的評價：2018 年國際排名第二，主要是臺灣所提供的醫療水準，以及獲得醫療服務所需的價格，比他們原本居住的地方更好，更便宜（編輯中心，2018）。換句話說，我國的醫療服務產業是舉世聞名的明星產業，所以非正規和非正式學習與發展資歷探認之推動，由既已有法規要求繼續教育積分換證又是在明星產業中的醫事人員先著手，將有很大的利基。

結語

　　當今，學習管道被分爲正規學習、非正規學習和非正式學習三種，就像教育階段被分爲初等教育、中等教育和高等教育三種一樣普及。本文著眼於非正規學習和非正式學習活動對醫師、護理師等醫事人員非常重要，但我國現行法規僅認證正規和部分非正規學習成就，既未符合國際發展趨勢也不利激勵醫事人員多元學習與發展，因而論述及建議：醫療保健機構等職場已成爲在職人員的學習中心，醫事人員職場學習與發展該正規、非正規和非正式管道交互使用，使互濟共成發揮一加一大於二的綜效；學習與發展的 70-20-10 模型可當作醫事人員職場學習與發展的重要指引，使其學習與發展既能跳脫惟正規教育馬首是瞻的框架，又能面對現實兼容並蓄各種多元管道；以及我國宜順應世界潮流和體察國內需求推動非正規和非正式學習成就認證，且可由醫事人員先試行再推廣。倘能如此，醫事人

員的學習與發展當更能活化和更有效能，並可作為其他領域的前導。

　　總而言之，本文除提醒醫療保健機構和醫事人員更重視非正規和非正式學習之外，也建議相關政府或法人機構推動醫事人員的非正規和非正式學習成就認證。

參考文獻

王弓、李雯雯、陳幸雄、許瓊華、陳家樂、曾政光、池惠婷、洪立瑜、楊玟萍、林銘貴、王慕亞（2003）。**臺灣未來服務業定位之探討：知識密集服務業發展綱領**。工業技術研究院產業經濟與資訊服務中心。

王文彤（2018，10 月 26 日）。對醫事人員繼續教育積分課的心裡話。**醫護非視不可**。https://www.jobforum.tw/discusstopic.asp?cat=medical&id=129582&page=2

衛生福利部（n.d.）。**105 年修正護理人員執業執照更新及繼續教育制度問與答**。https://www.mohw.gov.tw/dl-33934-6390088e-bf88-47fa-81b4-aa3d63ba12df.html

編輯中心（2018 年 12 月 14 日）。臺灣是鬼島？一張圖讓網友全跪了直呼臺灣醫療世界讚。**今日新聞**。https://www.nownews.com/news/20181214/3120709/

醫事人員執業登記及繼續教育辦法（2016）。https://law.moj.gov.tw/LawClass/LawAll.aspx?PCode=L0020181

Bersin, J. (2015). Becoming irresistible: A new model for employee engagement. *Deloitte Review, 16*. https://www2.deloitte.com/insights/us/en/deloitte-review/issue-16/employee-engagement-strategies.html

Cedeop (2015). *European guidelines for validating non-formal and informal learning.* https://www.cedefop.europa.eu/en/publications-andresources/publications/3073

Cognology (2019). *Competency assessment methods.* https://www.cognology.com.au/learning_center/competency-assessment-met hods/

Concorde Career Colleges. (2019). *The importance of continuing education for health care workers.* https://www.concorde.edu/blog/career-tips-advice/continuing-education

DeakinCo. (2018). *Developing world-class employees with the 70:20:10 model.* https://

www.deakinco.com/media-centre/ news/Developing-world-class-employees-with-the-70:20:10-model

Dib, C. Z. (1987). *Formal, non-formal and informal education: Concepts/applicability.* http://techne-dib.com.br/downloads/ 6.pdf

Embol, M., & Valcke, M. (2015). How to organize continuous workplace learning in clinical practice? *Journal of Community & Public Health Nursing, 1*(2). https://www.omicsonline.org/open-access/ how-to-organize-continuous-workplacelearning-in-clinical-practice-jcphn-100 0102.php?aid=62775 James *Merlino: Part 1 of an interview by Bob Morris.* (2015, January 11). https:// bobmorris.biz/james-merlino-part-1- of-an-interview-by-bob-morris

Jefferson, A., & Pollock, R. (2014, July 8). 70:20:10: Where is the evidence? *ATD Insights.* https://www.td.org/insights/70-20-10-where -is-the-evidence

Kajewski, K., & Madsen, V. (2012). Demystifying 70:20:10 white paper. *DeakinPrime.* https://api.ning.com/files /Y9Yc5qVXVzT4tcnxGhQNXoZFeW8Yb4WLWsdL5 EiNQy-OnNR4S2Az SUvmPiVASqDS7Q4SUzv7RU*6M4dgFw4ZXFiEx3Ieyp 9V/1076049787.p df

Lee, L. S., & Lai, C. C. (2012). *Global trends in workplace learning.* Paper presented at the 6th International Conference on Complex, Intelligent and Software Intensive Systems (CISIS-2012) and the 6th International Conference on Innovative Mobile and Internet Services in Ubiquitous Computing (IMIS-2012), July 4-6, 2012, Palermo, Italy. https://files.eric.ed.gov/fulltext/ED533404.pdf

Malamed, C. (2010). *Informal learning: An interview with Jay Cross.* http:// theelearningcoach.com/elearning2-0/ informal-learning-an-interview-with-jay-cross/

Organisation for Economic Co-operation and Development (OECD). (2007). *Terms, concepts and models for analysing the value of recognition programmes.* http:// www.oecd.org/ education/skills-beyond-school/41834711.pdf

Organisation for Economic Co-operation and Development (OECD). (2019). *Recognition of non-formal and informal learning.* http://www.oecd.org/education/ skills-beyond-school/recognitionofnon-formalandinformallearning-home.htm

PageUp. (2017). *What does learning look like in today's organisation? Re-examining 70:20:10.* https://www.pageuppeople.com/ resource/what-does-learning-look-likein-todays-organisation-re-examining-7 02010/

Rutherford, H. (2019). *70:20:10 Live*. https://www.702010live.com/about-the-framework

Smith, M. K. (2008). Informal learning: theory, practice and experience. *infed*. http://infed.org/mobi/informal-learning -theory-practice-and-experience/

Soklaridis, S. (2014). Improving hospital care: Are learning organizations the answer? *Journal of Health Organisation and Management, 28*(6), 830-838.

Werquin, P. (2010). *Recognising non-formal and informal learning outcomes, policies and practices*. http://www.eucen.eu/sites/default/files/OECD_RNFIFL2010_Werquin.pdf

（2020 年 2 月和粘惠娟發表於《T&D 飛訊》第 263 期，頁 1-21）

28 數位轉型的成功關鍵在人才？

　　2020 年，澳洲一位資深雲端工程師 Luiz Roth 在 LinkedIn 分享一個笑話：某問卷提問「貴公司由誰領導數位轉型？」結果在 CEO、CTO 和 COVID-19 三個選項中，最多人圈選 COVID-19。確實，由於數位科技的普及，正在從根本上改變人類的日常生活和工作世界，數位轉型（digital transformation, DT / DX）乃應運而起，且因 COVID-19 疫情而加快速度。就組織而言，數位轉型是將數位科技整合到業務的所有領域，從根本上改變作業程序、顧客經驗和價值提供的變革。有人說數位轉型的成功關鍵在人才，是否如此？本文做一論述。

組織數位轉型目標側重在滿足顧客期望、提高生產力和加強績效管理，但事在人為，有人才能成事

　　有科技媒體巨人之稱的美國國際資料集團（IDG, International Data Group）之 2019 年數位業務調查，發現來自產業及規模多元的資訊科技（IT）高階主管和專業人士之 702 名回覆者中，約有 91% 表示他們的組織規劃採用（或已經啟動）「數位優先」的業務策略。這些員工平均 1.4 萬名的組織，在往後一年內平均要花費 1.53 千萬美元在數位計畫上。平均 59% 的數位預算會用在新科技（如新的解決方案、增強和升級），41%

用在人員和能力（如僱用新人和培養現職人員）。當被問及數位業務其組織的意義為何時，這些 IT 決策者在九個選項中最多人選答的三項如下：(1) 滿足顧客經驗的期望（52%）；(2) 透過行動工具、資料存取和人工智慧（AI）輔助程序，提高員工生產力（49%）；以及 (3) 透過資料可用性和能見度的提高加強業務績效管理（49%）。換句話說，組織數位轉型目標側重在滿足顧客期望、提高生產力和加強績效管理（例如增加更靈活的數位供應鏈、提高生產的成本效益，和創生更敏捷和更具適應性的解決方案），以提升績效和競爭力。

固然上述調查顯示預算用在新科技的占比高於用在人員和能力發展，但是新科技幾乎都能用錢買到，人才則不盡然。所以，有如萬寶華集團（Manpower Group）北美總裁 Frankiewicz 和首席人才科學家 Chamorro-Premuzic 在 2020 年 5 月《哈佛商業評論》上的文章：「數位轉型攸關人才，而非科技。」她主張適應更數位化未來的能力取決於培養員工下一代能力、縮小人才供需之間的落差，以及證明自己和他人擁有迎向未來的潛力。因為如果我們的能力不足以使用新科技，最輝煌的創新也無關緊要；如果員工不與科技通力協作，即使是最令人印象深刻的人類心智也會用途受限。所以當領導者考慮投資於科技時，應該先考慮投資於能夠使該科技發揮作用的人。

綜合上述，數位轉型的投資該以人為先（people first），人對，事才會對。

數位轉型需要有能力和有意願轉型的全體員工，也需要優秀的領導和數位科技人才

在既有營運模式下工作的現職人員面對轉型計畫時常會說：忙到轉身都難了，還能轉什麼型。要從許多人的工作慣性中突破現況、邁向願景，

是數位轉型的一大挑戰。宜家家居（IKEA）在全球被廣泛稱譽為數位轉型快速成功的公司，該公司於 2018 年延攬曾在 Google 等公司工作 20 多年的科波拉（Barbara Coppola）擔任數位長（CDO），由上而下領導數位轉型，被普遍認為是關鍵成功因素之一：用對領導人才。由 2019 年凱捷研究所（Capgemini Research Institute）訪談科波拉的專文，以及 2021 年 6 月斯達克波爾（Thomas Stackpole）訪問科波拉後，在《哈佛商業評論》上發表的 IKEA 數位轉型專文可知，IKEA 是在最近 3 年內由約 80 年歷史、相當類比的傳統公司蛻變出來，例如 3 年內電子商務量的營收從 7% 成長到 31%。在轉型規模方面，IKEA 從七三比推起：70% 的努力致力於擴展成功的計畫，30% 的努力專注於開發新的想法和科技（採分模組方式平行處理），再由成功經驗的激勵以及因應疫情發展的需求順勢加深、加廣資料的擴增、速度的加快和在所有決策中使用分析，讓公司每個層面都有數位 DNA。用冰山比喻數位轉型，IKEA 是將顧客需求、顧客與公司的互動以及對購物新旅程的適應放在最顯眼的冰山頂端，公司業務和營運模式的巨大改變則是在水面下支撐頂端的冰山主體。具體言之，IKEA 整合所有線上與線下通路的接觸點使成全通路行銷，提供顧客無縫的數位購物經驗、利用多合一的行動 app 方便顧客購物或店訪、透過 3D 建模和 VR/AR 功能幫助顧客設想產品擺在家裡的場景、借重資料演算和分析決定貨品的調度路徑……。

科波拉在回答 IKEA 數位轉型成功的關鍵時指出，所有都和人及其心態有關，擁有適切能量、適切動機和適切能力的人才，才能創建出一個全新的公司或全新的思維方式，而且要借重人才訓練、外補乃至委外協作。最重要的是要將員工從舒適區拉出來學習和實踐新的工作方式。換句話說，IKEA 的轉型成功的首要關鍵在人才：有能力和有意願轉型的全體員工，也有優秀的領導和數位科技人才。

2018 年麥肯錫公司所做的全球數位轉型調查發現，雖然有逾八成的

回覆者表示任職的組織在過去 5 年內有致力於數位轉型，但其中認為轉型成功到改善績效的不到三成。該專文認為傳統轉型難，數位轉型更難，主要是不可捉摸性很高。而數位轉型成功組織的特徵之一是部署了比別人更多和更尖端的科技（例如人工智慧、物聯網和先進的神經網路機器學習技術）。除了部署科技，該專文根據研究指出下列五項是數位轉型成功的關鍵因素：(1) 擁有合適、通曉數位的領導者；(2) 培養未來人力所需能力；(3) 增能員工使能以新的方式工作；(4) 為平日常用機具進行數位升級；和 (5) 經常透過傳統和數位方法溝通。

　　以上麥肯錫公司的專文，主張數位轉型需要科技和人才雙管齊下，除了和前述 IDG 的調查一樣著重兩者之外，也強力支持轉型既需要有能力和有意願轉型的全體員工，也需要優秀的領導和數位科技人才。

　　Luiz Roth 也在 LinkedIn 上分享了另一則六格漫畫：某乙正坐在筆電前和某甲以視訊對談，甲問：你準備好看看「數位轉型」嗎？乙答：我看不到你的投影片；甲問：你需要下載影片外掛程式嗎？乙答：我們被 IE 7 限制住；甲問：好的，我試著把投影片檔 email 給你但是被反彈回來，乙答：我們的檔案上限是 1MB；甲問：你有 Dropbox 或 WeTransfer？乙答：被防火牆擋了；甲問：只能用 Google Docs？乙答：是的；甲問：我不確定要如何向你做簡報，乙答：可以傳真給我們嗎？

　　這則漫畫意指須和某甲透過線上視訊討論「數位轉型」的某乙，其數位科技與能力都沒與時俱進，就更談不上「數位轉型」了。而廣義的科技包含資料、程序……，廣義的能力包含意願、心態……，以此漫畫的意涵總結本文論述如下：數位轉型有賴科技、資料和程序等要素齊頭並進，但是這些要素各自需要人才及其能力進行部署、處理和調整等等，也需要人才及其能力統合這些要素使發揮綜合效益。所以，數位轉型該從人才切入。

（2021 年 8 月發表於《經濟部人才快訊電子報》）

29

從確保到提升：疫情下國家考試的應變與轉型

　　國家考試（簡稱國考）大分為公務人員考試和專技人員考試兩大類，前者屬性是任用考、後者為資格考。以 2020 年為例，公務人員考試共設 501 類科、共有 25 萬多人報考；專技人員考試共設 113 類科、共有 16 萬多人報考，兩大類考試均各將相關類科合併在 10 次舉辦，因此該年度共舉辦了 20 次國考；2021 年度則預定舉辦 19 次。歷來旨在為國舉才、選賢與能的國考，其公平性和公正性普受社會各界肯定與信任。

　　2020 年 1 月，我國增列 COVID-19 為法定傳染病、成立中央流行疫情指揮中心，和出現第一例境外移入確診個案……，國考正式加入面對疫情危機、確保安全和提升品質的行列。本文做一概述。

應變：確保防疫安全和維護國考的公平與公正

　　每年 20 次左右、主要以分區借用學校當試場方式辦理的國考，因應疫情的應變情形，可大分為下列兩大階段概述：

1. 第一階段：疫情第三級警戒前（2020 年 1 月至 2021 年 5 月）

中央流行疫情指揮中心為避免集會群聚感染，於 2020 年 3 月上旬公布「公眾集會因應指引」，建議集會活動主辦單位應在活動前，針對六項

指標進行風險評估，若評估活動性質具有較高風險，建議應延期或取消，或改以其他方式辦理。

國考主政機關考選部配合上述因應指引，編訂出《國家考試防疫作業手冊》，本階段的國考在遵循防疫作業手冊所訂作業程序和注意事項下，各項考試均如期舉行、順利完成。

2. 第二階段：疫情第三級警戒後（2021 年 5 月之後）

COVID-19 疫情發展到 2021 年中，由於本土疫情升溫，行政院先於 5 月 15 日宣布雙北地區（臺北市、新北市）自該日起至 28 日升級成第三級警戒，須遵守九大防疫指引；接著於 5 月 19 宣布自該日起至 28 日止提升全國疫情警戒至第三級；6 月 7 日再更新為全國三級警戒延長至 6 月 28 日，並將九大防疫指引擴展為 11 項相關措施。6 月 23 日宣布全國再同步維持疫情三級警戒至 7 月 12 日止，也宣布同步延長全國疫情警戒第三級至 7 月 26 日止，並自 7 月 13 日起適度鬆綁部分措施。

因為國考有大量人員移動、集會，也大量借用教育學習場域當作試場。因此，截至 2021 年 7 月 20 日，2021 年度原預定在 5 月 15 日之後舉行的國考有 14 次已做考試日期的調整（部分只做微調），5 月 15 日至 7 月 21 日兩個多月之間無任何國考之舉行。由於國考攸關人民職涯發展和公、私部門各領域的人力增補，在 7 月下旬疫情緩解初期，國考由部分醫事相關人員考試開始，採取類科分梯舉行、延長考試天數、增加試場數量等策略，以有效調降試區人流及試場內人數的方式恢復舉行，而考試的防疫應變計畫及防疫作業手冊均經中央流行疫情指揮中心同意核備。

計畫既要落實也要調適。以上第一階段應變是在原規劃的考試日期內調適相關防疫措施，第二階段應變是強化防疫措施以及把調整考試日期也納為防疫的調適措施之一，目的均在穩健確保防疫安全和維護國

考的公平與公正。

提升：借重數位轉型等策略提升國考品質

　　COVID-19 疫情全球大流行固然在摧殘人類，但也激發動盪和創新。例如結合現場工作和遠距工作的混成工作（hybrid work）模式，以及招募者和求職者借重數位科技互動的虛擬招募（virtual recruitment，含求職者能力評估），都正在成為人力資源（或人才發展）的新常態（new normal）。任何組織或機制遭遇疫情等緊急事件需要應變，並從事件中學到經驗、創新轉型，以持續提升品質、轉禍為福。而轉型既需要借鑑外界所長和體察內部環境，也需要醞釀獨到見解。

　　國際上公、私部門人才甄選方法的效度已被陸續驗證，例如認知能力和其他方法（如誠信測驗、結構化口試和工作樣本測驗）的組合評估被驗證具有甚高效度，而且這些測驗均可線上評估。又如美國聯邦許多機構的公務人員招募已採用線上填答的職業問卷（occupational questionnaire），取代傳統的紙筆考試。

　　上述虛擬招募和線上評估因既可降低成本又可服務更多人員，所以雖然需要額外軟硬體及人力的投資，但長程投資報酬率高。其效益也包含招募和甄選之平等、多元與包容（equity, diversity and inclusion, EDI）程度的提升。因此，轉化選才方法和借重數位轉型（digital transformation, DX/DT）是提升國考品質的必要和亟需策略。尤其國考應考人正從 1980 年代初期到 1990 年代末期出生的「Y 世代」轉換到 1990 年代末期到 2010 年代初期出生的「Z 世代」，Z 世代將會比 Y 和 X 世代更熟悉網路、手機和社群媒體等科技產品或程序。

　　在 COVID-19 大流行之前，考選部就一直在加強國考的多元化和數位化。例如就數位化而言，持續推動中的有網路報名數位化、國考試務數位

化、電腦閱卷作業、題庫整合資訊系統、資安風險評估及防護、國考 AI 應用方案、國考測驗題及申論題電腦化測驗。由於 COVID-19 的衝擊，疫情及後疫情期間需要優先推動的數位轉型至少有八項，並可大分為應考人等國考利害關係人可顯而易見的外顯類，以及相對的內隱類如下：

1. 外顯類

(1) 擴大電腦化測驗：擴大線上作答的類科（目前大多數類科測驗題仍採鉛筆劃記、電腦讀卡模式）和題型（使由測驗題擴大到含有文字乃至圖片、照片、聲音、動畫和影片的申論題與情境題）。

(2) 建置視訊口試：在高標準的身分驗證程序下，以視訊方式執行遠距口試。

(3) 發展應用程式：針對國考利害關係人的期望和業務需求，持續維護現有應用程式及開發新的應用程式（如試題難易度預測程式、電腦輔助評分程式）。

2. 內隱類

(1) 採行居家閱卷：由現場閱卷改採透過線上居家閱卷。

(2) 提升資安防護：增強國考整體資安防護及個資管理與保護能力。

(3) 充實硬體設備：針對上述變革及未來發展的需求，充實相關的數位科技等硬體設備。

(4) 增強人力及能力：透過激勵、訓練等方式增強所有人員和數位科技通力協作的意願與能力，並增補必要的數位科技和試題發展人力，以及進行必要的委外協作。

(5) 寬籌所需經費：寬籌推動上述數位轉型項目所需的經費。

上述外顯類和內隱類分別像冰山的水面上部分和水面下部分，兩部分是一體和互為表裡的。而各類之下的項目及其整體的願景與目標、由現況到願景與目標的落差與環境分析，以及彌平落差之策略與行動方案的研

擬，都將呈現在國考數位轉型發展及推動計畫中。希望在計畫撰擬中和定案後，更能凝聚共識和匯集力量以及獲得經費等資源的支持，使國考更能滿足利害關係人的期望，更能經濟有效地選賢與能。

（2021 年 1 月發表於《國家人力資源論壇》）

30

學習科技在 COVID-19 大流行期間的發展動向

　　作為學習之輔助工具或溝通管道的科技（learning with / through technology）都可歸類為學習科技（learning technology, LT）。學習科技不僅包含軟、硬體，還包括由在整個組織中傳遞、統整與支持學習功能之相關人員、程序與工具聚合而成的學習科技生態系統。學習與發展（learning and development, L&D）利害關係人了解學習科技在 COVID-19 大流行期間的發展動向，不但有助於因應尚未平息的疫情，也有利於迎向疫後時代。

學習科技因工作變動和防疫需求而被加速重用，其效能也被高度關切

　　學習與發展功能須密切支持組織營運，才能促使員工的目標和績效與組織的目標和績效維持一致。但是 COVID-19 大流行打亂了成人的學習與發展，最明顯的是大多數組織在疫情發展期間緊縮了員工學習預算，臨場面對面學習方式大幅轉向遠距或線上學習，因而加速了科技在學習中的利用。例如美國肯·布蘭查德公司（The Ken Blanchard Companies）的報告「2021 趨勢：COVID 世界的學習與發展」（2021 Trends: Learning and Development in a COVID World），在調查超過 1,000 名領導、學習和人才

發展專業人士後發現，美國學習與發展專業人士因應疫情，快速將面對面訓練轉變為虛擬講師指導的訓練，因而課堂訓練從疫前的 63% 降到疫中的 9%，虛擬從 10% 增加到 53%。自主線上學習也從 14% 突破性地上升到 24%。但是這種快速轉換到虛擬和數位學習並非沒有挑戰，約有四成的回應者表示有設計、傳遞和科技使用上的困難。

勤業眾信（Deloitte）和印度全國人力資源發展網路（National Human Resource Development Network, NHRDN）協作的 2021 年 1 月報告書〈被 COVID-19 喚醒中的未來學習〉（Future of Learning in the Wake of COVID-19）指出，下列七項與科技和人員有關的變動合流在一起，正轉變未來的工作：(1) 臨時工作占比暴增；(2) 人工智慧、認知運算和機器人已日漸親民（如愈來愈平價）；(3) 資料海嘯出現；(4) 科技無所不在（如智慧型手機）；(5) 人員更為多元和世代交替；(6) 工作因自動化而轉型；和 (7) 職涯的本質在改變（如轉職頻率升高、能力半衰期縮短）。而 COVID-19 則為上述變動提供了下列三項加速器：(1) 由於公司尋求極小化人員的緊密接觸，機器人因而大增；(2) 遠距工作可能成為新常態；和 (3) 自由和零工工作者雖受到重創，但開放的人才經濟正為需求者提供機會。

Deloitte 和 NHRDN 的報告書發現在上述預算緊縮和工作加速轉變下，許多組織更加借重資通訊科技採用虛擬學習（被認為該占員工正規學習的 40-90%），但也主張這種學習不該是單向傳播（如預錄式數位學習、檔案共享等），而應重視互動、著重體驗模式，例如虛擬講師指導訓練（virtual instructor led training, VILT）、模擬、遊戲化學習、Podcast（中譯為播客）、小組討論、大規模開放式線上課程（MOOCs／磨課師）等。在學習生態如此變化下，許多組織在 L&D 預算方面優先投資在借重各種由科技輔助的內容發展、內容傳遞和學習管理，例如採用學習管理系統（learning management system, LMS）、內部共享驅動器（如 MS teams,

OneDrive 和 SharePoint）、內容庫／線上課程平台（如 EdX 和 Coursera）和微學習，並朝向藉由更具統整性的 LMS、高情境脈絡內容庫（客製化 Netflix 式）、內部知識管理系統（由共享驅動器擴展）和隨時隨地學習（借重智慧型手機和平板電腦），發展出整合型的學習生態系統。

英國的 CIPD 人力資源協會（Chartered Institute of Personnel and Development）與埃森哲（Accenture）公司合作完成的〈2021 年工作上的學習與能力調查〉（Learning and Skills at Work Survey 2021）報告，指出疫情發展期間隨著社交距離的限制以及大幅轉向遠距和在家工作，2020 年英國只有 36% 的組織使用網路研討會或虛擬教室，到 2021 年這個數字就提高為 51%（和前述美國數據很相近）。但是，採用可能讓學習更具吸引力和更有效之新興科技（如行動 apps、聊天機器人、VR 和 AR 動畫或遊戲）的比例仍然很低。這意味著疫情發展期間數位學習數量雖然大增，但匆促邁向數位授課的結果，互動及體驗程度高的學習科技的使用率仍然偏低。也意味著許多組織尚未準備好數位學習的多元化，以致未能從多元混成方法中取得最佳綜效（synergy）。

綜合上述，當前業界組織的學習生態因工作變動和防疫需求而加速轉變中，學習愈來愈借重用科技傳遞、統整與支持學習功能，借重資通訊科技的虛擬學習在其中宛如就是虛擬工作的對應，但是虛擬學習和虛擬工作的效能都愈來愈受到關注，所以各種學習科技及其組合都須通得過學習效能（含投資報酬率）的考驗。

各種學習科技使用率各有消長，除了推陳出新，多元化和系統化是未來動向

美國《訓練雜誌》的〈2021 訓練產業報告〉（2021 Training Industry Report）調查發現，11 種常被提及的學習科技在美國 100 人以上公司和

教育機構中的使用情形，使用率由高而低排序最常用的八種為：(1) 學習管理系統（LMS），占 90%（高於前一年的 84%；目前約 98% 的大公司、96% 的中型公司和 80% 的小公司使用 LMS）；(2) 虛擬教室／網路廣播／影片廣播，占 88%（高於前一年的 83%）；(3) 快速線上學習工具（PowerPoint 轉換工具），占 43%（低於前一年的 46%）；(4) 行動應用（手機、iPad、平板、PDA），占 30%（低於前一年的 43%）；(5) 應用模擬工具，占 25%（低於前一年的 30%）；(6) 學習內容管理系統（learning content management system, LCMS），占 20%（低於前一年的 31%）；(7) 線上績效支持系統（online／electronic performance support system, EPSS）或知識管理系統，占 20%（比前一年下降 7%）；(8)Podcast（播客），占 22%（比前一年的 24% 略有下降）。而最不常用於訓練的傳遞／授課方式與去年相同，是下列三種：(1) 虛擬實境（VR），占 6%（低於前一年的 9%）；(2) 擴增實境（AR），占 5%（高於前一年的 4%）；(3) 人工智慧（AI），占 6%（與前一年相同）。大公司比中小型組織更傾向於嘗試 VR、AR 和 AI 新科技：目前約 16% 的大公司正在使用 VR，13% 正在使用 AR，19% 正在使用 AI，而 5% 以下的中型公司和 3% 以下的小公司正在使用這三種科技中的任何一種。對 VR、AR 和 AI 新科技使用率偏低情形和前述英國情形相似。

　　未來，借重科技當作學習輔助工具或溝通管道的比例會持續提高，各種學習科技也會不斷推陳出新，VR、AR 與 AI 和模擬、線上學習、影片及社群媒體等等，都會有很好的前景。值得關注的是，學習科技之間也在因應需求彼此整合或相互包含，已有的例子如模擬結合 VR、遊戲結合社群媒體、影片結合線上學習……；而前述在美國使用率排第一的學習科技 LMS 將會因為學習個別化和行動化的走向，逐漸和學習者經驗平台（learner experience platform, LXP）合併使用。LXP 比 LMS 將更多的控制權放在學習者手中，較適合社交、非正式和協作學習，也更注重整體的

學習經驗，LMS 和 LXP 合併使用可發揮互補的功能。

綜上所述，多元化和系統化是學習科技未來的發展動向。在多元化方面，會講求有效混成，發揮綜效；在系統化方面，會朝前述的科技本位（technology-based）的整合型學習生態系統發展。

好東西也須有識貨人和善用者：L&D 專業人士須持續和及時增能

前述肯·布蘭查德公司的報告指出，接受調查的 1,000 多名受訪者中有 32% 表示，線上學習和數位發展工具熟練程度阻礙了他們的 L&D 人員向前推進。而 Avado 學習公司也指出，晚近有 8,600 多名 L&D 專業人士參加了對自己的 L&D 能力的自我評估，科技應用是三個評分最低的能力項目之一，只有 40% 在此項目獲得高分。

學習科技專家安迪·伍勒（Andy Wooler）曾說：「你可以用科技做任何事情，但人們可以阻止你做任何事。」春秋時期的管仲也說：「君子使物，不為物使。」學習科技是工具，L&D 專業人士須隨著學習科技發展持續和及時地增能，才能了解學習科技以及建構出優質學習生態系統，和學習者一起善用學習科技，當學習科技的主人。

（2022 年 1 月發表於《經濟部人才快訊電子報》）

31

人才庫和虛擬招募對招募高階人才的意涵

　　COVID-19 疫情爆發期間，「超前部署」已成國人耳熟能詳的流行語，建置人才庫（talent pool / community）向來是人才招募的超前部署作為；而疫情期間為了確保招募安全而快速發展的虛擬招募（virtual recruitment），已成為招募的新標準，也有待國內招募者和求職者及早超前部署。本文簡要論述人才庫和虛擬招募二者的發展趨勢，以及其對招募高階人才的意涵。

未雨綢繆的人才庫可發揮預應攬才等功能

　　人才庫是潛在求職者（即候選人）的資料庫，所收納的候選人須是合格又有興趣前來組織任職的人才。其中合格是指候選人能力和專長與組織所需職能和價值高度契合，所以，人才庫中應含候選人能力、可勝任的潛在角色、可適應組織的程度等資訊。有此人才庫，當組織出現空缺時就可從人才庫中所擁有、已對組織熟悉和感興趣的一批合格候選人中招募，而不至於陷入臨渴掘井的窘境。未雨綢繆的人才庫除了可以發揮前述預應攬才功能、縮短招募時間、降低招募成本、拉住未能立即聘僱的求職者等等之外，尚可收納許多被動求職者而擴大招募對象。被動求職者指不主動找工作但願意接受更好之工作機會的人，「更好」不見得是更高薪酬，

很多時候是學習與成長機會、發揮創新能力機會、工作彈性等。相關文獻顯示：企業採虛擬招募後，每招進一位員工的招募成本，和實體招募比較可降低 25-50%；而在職人員中有四分之三左右是被動求職者；澳洲 2005 年百大企業調查中，75 家回應者當中有 43% 即建置有人才庫，但在 2019 年底進行的一項國際調查中，接受調查的全球商業領袖近 70% 表示現有人才庫正在萎縮，但徵才的競爭卻在加劇，54% 則表示他們公司的空缺職位比以往任何時候都多。

無論如何，許多公司已將建置、維護和善用優質人才庫列為重要的短中長程招募策略。例如跨國的資誠聯合會計師事務所（PwC）線上人才庫區分為入門級候選人和有經驗候選人兩區塊（後者主要針對中高階），供感興趣者隨時可登錄基本資料、感興趣業務領域、專長領域、教育程度、專業證照、希望任職城市、現職公司及職稱、LinkedIn 個人便覽，以及上載個人履歷供 PwC 篩選。麥肯錫公司的校友中心（McKinsey Alumni Center）則是另一種形式的人才庫，該中心透過線上平台，促成已離退的公司前顧問形成全球網絡，和公司、公司專業知識以及其他顧問之間保持聯繫；目前校友人數超過 34,000 人，分布在 120 多個國家 / 地區、15,000 多個公、私和社會部門的組織工作。每年數以萬計的校友和公司成員會透過校友網站平台或其他管道溝通，以及在全球舉辦 100 多場知識和社交活動，進行相互交流與合作。校友們還利用該平台建立、維持和增進他們在公司期間建立的密切專業關係，並發展他們的能力和職涯，也有再回流到公司專職的情形。

以上論述和舉例指出高階人才資料庫的建置和維護等至少須注意下列重點：(1) 由於人才庫內部可再做分類區隔，所以高階人才、稀有人才等常只是組織人才庫的一部分；(2) 須借重網站作為組織人才庫的平台，運用相關科技可消除許多時空限制，也有利人才庫的管理；(3) 收納對象不只要包含從未向組織求過職的外部人員（甚至含學生），也要包括曾求過

職但未獲錄用的人員、組織在職和離退人員（有些高階職位很適合由在職人員升任或由離退人員回任）；(4) 宜有配套活動支持人才庫，例如辦理實體或虛擬的導覽參觀以提高加入人才庫的意願，透過寄送簡訊及問候和人才庫中的候選人保持互動；(5) 組織除了自己建置人才庫，也可委由外部人才庫提供服務或局部藉助外部資源。

而前述澳洲百大企業調查所發現組織不願意建置人才庫的下列主要理由，也值得留意：(1) 在分散式模式中難以管理人才庫；(2) 組織已委外招募；(3) 人才庫中候選人的資料很快過時；和 (4) 組織招募的頻率很低。

全球疫情大流行，促使虛擬和實體混合招募成為新常態

虛擬招募是招募者和求職者之間不做當面互動的遠距招募程序。2020 年 10 月，LinkedIn 的內容行銷經理路易斯（Greg Lewis）指出：受到 COVID-19 疫情大流行等影響，遠距工作者的虛擬招募已快速成為許多產、企業的新常態。LinkedIn 根據問卷調查、資料探勘和專家訪談結果，做出未來招募的六項趨勢預測，「虛擬招募將繼續存在」是其中之一。接受問卷調查的 1,500 多名 HR 專業人員中，81% 同意虛擬招募在疫情過後仍會持續，70% 認為虛擬招募將成為新標準。亦即，就像現場和遠距員工的混合人力將成為疫後標準一樣，結合借重科技「虛擬」接觸和人員「實體」當面互動的混合招募程序將成為新常態。而且，愈基層職位的候選人（或求職者）愈可能會經歷完全虛擬的招募過程，愈高階職位的候選人愈可能繼續接受傳統的程序──現場造訪和面對面、一對多的晤談。

2021 年 2 月，美國人力資源管理協會（SHRM）的線上經理莫雷爾（Roy Maurer）也撰文指出：「虛擬招募將繼續存在」是疫情大流行塑造出的 2021 年的招募四大趨勢之一。國內也有增加虛擬招募的趨勢，例如某公司為了因應疫情等發展，在招募智慧製造工程師等人才時，係讓求職

者登入雲端系統，進行職務相關的情境問答，由 AI 系統依據求職者表現進行初步評估，提供個人特質與職缺適配性結果，再進行線上面談，求職者可即時查詢面試進度。

歷來電話晤談、電子郵件或社群媒體聯絡已經被廣泛運用，這些已是虛擬招募的一部分。招募的虛擬程度在疫情大流行期間快速加廣和加深，雖然須挹注軟硬體和人員訓練的經費，但累積的結果是降低了招募成本和提高求職者人數，整體而言提高了成本效益。在此誘因之下，虛擬招募正被激進或漸進地推進，但採漸進者比例較高。2020 年 6 月，米切爾（Mason Mitchel）特別介紹擁有 25,000 名員工和 4,000 名醫師的美國馬利蘭大學醫療系統（UMMS）的招募虛擬化是個成功案例。UMMS 原來就在其 LinkedIn 頁面上做招募廣告，在疫情大流行期間，增置了虛擬聊天活動，提供每週虛擬聊天和多個虛擬招募活動，以便求職者可按其時間表進行聯繫。因此，米切爾歸納出可漸進推動的有效虛擬招募策略如下：(1) 舉辦虛擬就業博覽和開放參觀；(2) 利用電話晤談以更加了解擁有優秀簡歷的求職者；(3) 演練和辦理視訊晤談；(4) 準備招聘的虛擬入職；和 (5) 推廣虛擬化的招募程序。在上述策略中須視需要加上能力評估，像工作樣本、認知能力和工作知識測驗結果可有效預測工作績效，且均可進行線上評估。

招募高階人才也可借重人才庫和虛擬招募

以上論述對臺灣公、私部門組織招募高階人才的意涵至少如下：

1. 高階人才庫可從諮詢或顧問人才庫建置起，並面向全球攬才

先從招攬諮詢（或顧問）人才納入人才庫，透過交流合作（含參與有酬的個案諮詢、專案協作等）促進相互了解，可奠定高階人才攬才的基礎。此種人才庫該面向全球網羅人才，也須涵蓋離退人員在內。而前

述 PwC 的登載項目和麥肯錫校友中心活絡人才庫的運作方式，均可供參考。

2. 高階人才招募較適合虛擬和實體混合使用，但針對特別的對象則可採全虛擬

如本文前述，當前趨勢是愈高階人才愈傾向維持傳統的實體招募程序。所以，當前高階人才招募較適合虛擬和實體混合使用。但針對高階顧問、境外主管或已相當熟識等對象則可考慮採完全虛擬。

3. 高階人才庫除了自行建置，還可委外辦理或聯合建置，也可利用外部資源

組織除了自行建置人才庫，使內含高階人才等類別之外，由於有愈來愈多的人力服務公司出現，許多公司也提供人才庫建置和管理的服務，可供選採。而彼此之間合作大於競爭的組織，亦可聯合建置人才庫。建置人才庫時，也可利用外部資源，例如本文舉例中的組織即利用社群網絡 LinkedIn。

4. 高階人才庫和虛擬招募適切搭配，可相需相成

想兼採高階人才庫和虛擬招募的組織該讓兩者適切搭配，以發揮相需相成效果。例如要求主動求職者必須登入人才庫、虛擬招聘後未能立即聘用的合格者應留在人才庫維持互動……。

　　春秋戰國時期有養士之風，國君和貴族（如孟嘗君）把才德兼備或有特殊才能的人才招攬起來，養在身邊，待時機適合時再從中挑選，選派官職或任命工作。而「入吾彀中」的成語講唐太宗看到許多新考取的進士魚貫而出，得意地說：「天下的有為人才，都已在我掌握之中！」在人才爭奪戰當中，人才庫和虛擬招募的善用，都有助於將優質高階人才「養士在庫」和「入吾彀中」。

（2021 年 7 月發表於《經濟部人才快訊電子報》）

32 大學教師需要產業沉浸方案

「有怎樣的老師，就有怎樣的課程。」教師愈了解產業用人單位的需求，才愈有可能設計出符應產業需求的班制（program）、課程、教學和評鑑，而裨益學生職涯發展。在《技術及職業教育法》規範下，技專校院任教專業科目或技術科目的新聘教師應具備 1 年以上與任教領域相關的業界實務工作經驗；在職教師每任教滿 6 年，應至與任教領域有關的產業，進行至少半年與專業或技術有關的研習。也因此，不少技專校院教師質疑：普通大學的大多數學生也要到業界就業與發展，為什麼不需要有如上述的規範？其實，不論有無法律規範，普通大學和技專校院教師都需要產業沉浸方案（industry immersion program, IIP），特別是沒業界實務經驗又需要培育學生往業界就業與發展的教師。

像學游泳一樣，下水才能沉浸

沉浸（immersion）意指浸洗、洗禮、身臨其境……。沉浸訓練（immersion training）向來有之，例如實施「兩文三語」（中文、英文兩文和粵語、普通話及英語三語）的香港，利用香港境外的普通話語言環境安排豐富多樣的語言實踐，讓粵語背景的香港教師們在普通話的聽、說、讀、拼音等方面得到充足的訓練，從而提高教學信心（寇志暉、張

善培，2018）。又如北卡羅來納大學格林斯伯勒分校（University of North Carolina at Greensboro）開設一天的職員沉浸訓練，讓參與的職員置身模擬學生身分的情境，以便從學生的觀點體驗他們日常提供的服務，而進行檢討與改善（Howell & Wilcken, 2009）。這種訓練的受訓者要像學游泳的人該下水沉浸，不能只在岸上或池邊觀看、口說和 / 或比劃。沉浸訓練除了用在教職員，也更常用在學生或師生一起，例如國內大學生的工作崗位上實習，或美國北卡羅來納州立大學研究生院（NC State Graduate School, 2018）推動的博班生和博士後研究人員產業沉浸方案。但重點都須把握受訓者該「下水」以「身歷其境」地學習。

大學教師產業沉浸方案宜多管齊下

大學教師產業沉浸方案旨在確保大學校院面向產業育才的教學是產業適切（industry-relevant）。其推動宜多管齊下，以下是常見的方式及舉例：

1. 專案沉浸

指透過專案協助教師進行產業沉浸。例如於我國教育部特別編列經費，實施為期 3 年（2010-2012 年）的「技職再造」方案中，在「強化教師實務教學能力」——「補助技專校院教師赴公民營機構服務及研習」——「深耕服務」策略下，技專校院專任教師於各該校任職滿 2 年者，可申請帶職帶薪至公民營機構服務半年或 1 年。其辦理型態依服務時間長短分為服務半年的「深耕服務 I」與服務 1 年的「深耕服務 II」兩類（教育部產學合作資訊網站，2018）。又如美國西北大學 Kellogg 管理學院（Kellogg School of Management Northwestern University, n.d.）的教師沉浸方案組合學術和產業界領導交換想法並解決現實問題。學院教師實地訪問在分析（analytics）領域營運領先的公司。他們多次與公司的業務領導、分析和資料科學專家會面，聽取在分析方面的成功

和挑戰、分享見解和建議（通常來自研究和經驗）。這些協作場次幫助公司掌握領先的研究和實務，並幫助教師了解分析的實際用途。

2. 教授休假

大學教師可利用教授休假期間進行產業沉浸。例如美國麻州史密斯學院 Picker 工程計畫的設計診斷室主任 Susannah Howe 教授專長土木工程、博士學位得自康乃爾大學，她負責協調和教授總整（capstone）工程設計課。2015 年分享她利用教授休假一年進行產業沉浸的經驗，她先花了六個月時間在一家公司的工程團隊工作，然後花了四個月時間對全國 24 家工程公司進行短期訪問，深入了解各種工程領域、多種工程設計方法和不同工作環境。她指出從這個產業沉浸經驗帶回教授專題設計課的許多新想法（如該結合標準作業程序／SOP、採用行業界標準等）、增多和業界人員與公司的連結而讓學生受益。她也從沉浸經驗中發現對大學正培育的基層人員而言，溝通和團隊合作等能力與專業技術能力一樣重要，甚至更重要（Howe, 2015）。

3. 短期訪問

指透過短期（如 1 天）的實地訪視進行沉浸。例如上述 Susannah Howe 教授利用休假當中四個月對 24 家工程公司進行短期訪問。本質愈接近沉浸的訪問須愈像前述美國西北大學 Kellogg 管理學院的例子：和業界人員一起解決產業問題，而非蜻蜓點水似地聽聽、看看，或只是去接洽或探視學生職場實習事宜。

現有的教師產業實務研習宜以沉浸式為優先，且校院該有目標、有計畫地推動

綜上，產業沉浸因講求「身歷其境」，可讓教師在最真實的情境中發展專業，該成為大學教師有目標、有計畫的繼續教育或專業發展方案。

建議國內大學校院及其教師和業界事業單位共同積極推動和投注，並多管齊下。多管齊下除了指方式該多元，也指其他方面應多元。例如 Howe（2015）即建議在產業沉浸機會的開拓方面，該善用校友網絡、顧問委員會成員、之前的外部專題主講人、教師同事介紹等當橋梁介接業界。此外，就《技術及職業教育法》所規範的「技專校院在職教師每任教滿 6 年之教師，應至與任教領域有關的產業，進行至少半年與專業或技術有關的研習」而言，該以「身歷其境」的沉浸為優先，特別是從無業界實務經驗的教師不宜以其他替代方案（如一般產學合作計畫）取代產業沉浸的洗禮。

參考文獻

教育部產學合作資訊網站（2018）。**技職再造計畫**。https://www.iaci.nkfust.edu.tw/Industry/CP.aspx?s=11&n=26

寇志暉、張善培（2018）。評鑑香港中文職前教師普通話沉浸課程之成效。**課程研究**，**13**(1)，頁 55-75。http://www.edubook.com.tw/OAtw/File/PDf/412653.pdf

NC State Graduate School. (2018, January 12). We need more industry immersion programs. *The Graduate News*. https://grad.ncsu.edu/news/2018/01/industry-immersion-programs/

Howe, S. (2015). *Industry immersion: The impacts of a sabbatical deep-dive*. Paper presented at 122nd ASEE Annual Conference and Exposition, June 14-15, Seattle, WA. https://www.asee.org/public/conferences/56/papers/12394/view

Howell, S. L., & Wilcken, W. (2009). *Student support services*. https://www.igi-global.com/chapter/student-support-services/12015

Kellogg School of Management Northwestern University. (n.d.). *Faculty immersion program*. https://www.kellogg.northwestern.edu/data-analytics/corporate-partnerships.aspx

（2019 年 1 月發表於《臺灣教育評論月刊》，8(1)，頁 28-30）

33 技專校院在職教師充實實務工作經驗的問題與對策

被稱爲美國職業教育之父的 Charles Prosser（1871-1952）所提出的「職業教育 16 個原理」之七，主張：「職業教育的成效，和其教師曾運用知能於待教作業與程序的成功經驗成正比。」（Prosser's sixteen theorems on vocational education, n.d.）。亦即，在其他條件相同下，愈有對應任教班制（program）之成功從業經驗的人愈適合當該班制教師。

我國現行《技術及職業教育法》第 25 條規定「技職校院專業科目或技術科目之教師，應具備一年以上與任教領域相關之業界實務工作經驗。」第 26 條規定「技職校院專業科目或技術科目教師、專業及技術人員或專業及技術教師，每任教滿六年應至與技職校院合作機構或與任教領域有關之產業，進行至少半年以上與專業或技術有關之研習或研究。……前項研習或研究期間，技職校院應保留職務、支付薪給、給予公假，……」。但是，第 26 條及《技專校院教師進行產業研習或研究實施辦法》等相關法規自 2015 年 11 月 18 日實施兩年多以來，被普遍認爲陳義太高和窒礙難行，以致常見走向變調、流於形式或尚被觀望。

本文先以澳洲對專科技術學院教師產業能力的要求爲標竿（benchmark），再就我國技職校院中的技專校院（指專科學校、技術學院及科技大學）在職教師充實實務工作經驗的問題做一分析並試提對策。

以澳洲對專科技術學院教師產業能力的要求為標竿

澳洲產業導向的職業教育與訓練（vocational education and training, VET）系統已成為全球技職教育優良實務的標竿（Australian Consulate-General Shanghai, China, n.d.）。例如昆士蘭專科技術學院（Technical and Further Education, TAFE；相當於美國社區學院或我國專科學校）系統是澳洲最大規模和最有經驗的 VET 提供者，服務昆士蘭省的社區已超過 130 年。昆士蘭 TAFE 每年透過昆士蘭 50 多個校區網絡、雇主工作場所、線上和海外市場招收超過 12 萬名學生，提供超過 500 個從基礎能力和初階資格到高教學位都有的班制（TAFE Queensland, 2014）。

1996 年 5 月，筆者等人受我國教育部之邀前往澳洲墨爾本參加第一屆臺澳職業教育與訓練研討會，會後一行人前往昆士蘭省布里斯本（Brisbane）和黃金海岸（Gold Coast）兩地參訪，在參訪一所公立昆士蘭 TAFE 時，接待者表示該校教師任教前須先有 2 年業界工作經驗，任教後須依需求再去取得 3 年的業界工作經驗才能擔任科主任。基本上，這 3 年是每次去業界半年累積而來，每次到業界都先和業界協商好可從有薪酬的職位中邊工作邊學習。但由於只做半年，業界通常會給較低的薪酬，業界給付薪酬如低於在校薪資，則由學校補差額。

我國自 2013 年 6 月起，與澳洲技職教育聯盟（TAFE Directors Australia, TDA；係澳洲 58 所公立 TAFE 機構和大學 TAFE 部門以及澳洲一太平洋技術學院 / APTC 所組成）進行為期 16 個月的職能建置合作計畫，引進澳洲「訓練與評估第四級證書」（Certificate IV in Training and Assessment）訓練套件的師資訓練課程，由 TDA 篩選適合的辦訓單位與講師來臺授課，培養我國種子人員，並派顧問來臺駐點，提供諮詢與建議。勞動部勞動力發展署於 2014 年 6 月與 TDA 簽署 VET 合作備忘錄，希望與澳洲合作，引進其 75 個訓練套件、1 萬 8 千個職能單元（unit of competency；係在由產業所發展的職場所期望之工作表現標準下，所需知識和技能及知能應用的規範，是職能標準中可被評估和認可的最小單元），消除臺灣技職學生就業落差問題（林潔玲，2014）。2017 年 10 月，勞動部勞動力發展署又與 TDA 進行了 VET 合作備忘錄換約，將持續以「職能標準訓練」為主的 3 年合作夥伴關係（澳洲駐臺辦事處，2017）。換句話說，澳洲 VET 和 TAFE 的部分理念與作法持續受到我國技職教育與訓練界的關注與引進。

　　當今，澳洲 TAFE 教師通常被要求須有學士以上學位或成人教育的研究所文憑。有時，還需要相關的產業和職業教育經驗或工作崗位上訓練。可能需要註冊或取得執照（Australian Government, n.d.）。例如要成為一名昆士蘭 TAFE 教師必須擁有：

1. 現在的訓練與評估第四級證書（或願意拿到）：此一證書是國家認可的資格，有此證書才可在像下列的工商與服務領域評估和教授 VET 學生：汽車、電氣、資訊科技、營建與製造、設計、觀光、旅遊、零售。證書可從昆士蘭 TAFE 或全國其他已立案訓練組織（registered training organization, RTO）修課取得，在課中主要學下列三種關鍵能力：如何設計學習班制、如何實施訓練以及如何評估職能。
2. 職業能力：即具有要教的領域之職能，至少要達到想教的級別。
3. 目前的產業能力：確保其訓練與評估是基於當前產業實務並滿足產業需求所需的知識、技能和經驗；須與要教的科目相關（TAFE Government, 2016）。

　　上述「目前的產業能力」係指教師須具備如何維護、提升或發展本身與當前產業需求相關的新能力，具備產業能力的證據可以有多種形式。理想的 RTO 應確保教師定期接觸產業職場，並有能力參與職場的工作。教師訪問職場的目的將決定該訪問是否計入「目前的產業能力」的證據。在職場提供訓練和評估不計入「目前的產業能力」的發展。但是，投入職場

體驗最新的技術、程序和資源則可計入擁有「目前的產業能力」。此外，教師可以參與下列其他活動以有助於具備「目前的產業能力」：

1. 參與相關專業發展活動：實施指引提供有相關產業協會的名單。教師可以諮詢這些產業協會，以確定他們可以參加的相關發展活動。
2. 參與網絡：包括參加產業早餐會、工作場所健康和安全會議，以及與雇主們討論。
3. 個人發展：透過閱讀訂閱自線上或紙本的產業期刊。
4. 參加經認可的訓練：包括單一的職能單元、技能套件和資歷，以及展現最近完成的 VET 訓練產品。
5. 重返工作：即在相關產業以兼職或臨時的方式工作（Australian Skills Quality Authority, n.d.）。

　　簡要言之，澳洲對 TAFE 教師產業能力要求的重點如下：

1. 著重連結：著重和產業保持連結。TAFE 教師所需「職業能力」（職能）較側重在職場工作的「內容」（content）能力，「目前的產業能力」則較側重在職場工作的「脈絡」（context）能力，兩者須統合成可立即在目前產業中對應之領域與級別工作的能力。
2. 強調時宜：強調產業能力要與時俱進，是目前的、已更新的。
3. 重視發展：重視既維持也要提升產業能力。
4. 講求多元：講求可透過多元管道充實產業能力。
5. 訴求務實：例如採重返工作充實產業能力須為有酬工作，使確能承擔責任，落實邊工作邊學習。

我國技專校院在職教師充實實務工作經驗的問題與對策

　　就前述我國法規要求我國技專校院在職教師充實實務工作經驗的立意，以及以澳洲對 TAFE 教師產業能力的要求為標竿，我國的問題至少

如下：

1. 全面要求一致，有失公允

現行法規要求所有技專校院專業科目或技術科目教師、專業及技術人員或專業及技術教師，每任教滿 6 年應至與技職校院合作機構或與任教領域有關之產業，進行至少半年以上與專業或技術有關之研習或研究。而不管在職教師的「實務工作經驗」或「目前的產業能力」各有不同。

2. 要求學校支薪，未能務實

西方社會對學校教師職前和在職的「實務工作經驗」大都只採計有酬工作，如此雇主才能在權責相當的條件中要求員工落實工作。在職教師在業界工作遇有薪酬低於在校所得時才由學校補差額。我國卻要求學校支薪，常使業主和教師之間的雇傭關係虛假化、形式化，也大幅加重學校及公共預算的負擔。

3. 方式相當單一，難以達成

我國「至與技職校院合作機構或與任教領域有關之產業，進行至少半年以上與專業或技術有關之研習或研究」的形式固然可以是下列形式之一（教育部，2015）：(1) 教師至合作機構或產業實地服務或研究；(2) 教師與合作機構或產業進行產學合作計畫案，並具有技術移轉、商品化或其他對產業發展有貢獻之具體成果；(3) 教師參與學校與合作機構或產業共同規劃辦理之深度實務研習。

但是和前述澳洲作法對比，方式相對單一，忽略了還有其他可殊途同歸甚至更經濟有效的管道。相當單一的方式加上在同一期間內有很多在職教師都有同一需求下，很難達成。

4. 欠缺成功模式，成效堪慮

我國尚未發展出可引導實務運作的成功模式，使技專校院確能針對教師各自需求，經濟有效地透過專業或技術有關之研習或研究，在業界職場邊工作邊學習新或進階的技術。如此因循下去，成效堪慮。

上述問題顯示我國正以立意佳但 CP 值（成本效益比／cost-performance ratio；即效益與成本或性能與價格的比值，亦稱 C/P 值）低的制度，推動在職教師充實實務工作經驗。針對以上問題，解決對策至少如下：

1. 對初任教師宜要求更長的業界工作經驗，對在職教師的要求宜因人制宜

一般新任中高階工作須半年至 1 年才會有加值效果（Stibitz, 2015），先有加值效果之後才可能成為「工作達人」或「師傅」。所以，技職教育法要求初任教師具備之工作經驗的下限（1 年）宜加長，且該對應待教領域和級別。但對在職教師的要求（目前規定所有專業科目等教師每任教滿 6 年至少半年）則宜留因人制宜的彈性，且該優先要求無業界實務經驗的在職教師充實職場工作經驗。

2. 對已具業界實務工作經驗教師，宜講求透過多元管道更新、提升及發展其產業連結能力

如前述澳洲作法，「至與技職校院合作機構或與任教領域有關之產業，進行至少半年以上與專業或技術有關之研習或研究」不宜是已具業界實務工作經驗教師更新、提升及發展其產業連結能力的單一方法。除了前述列舉的澳洲作法外，參與校本企業（school-based enterprise, SBE）等方式，對某些領域也是可考慮的管道。

3. 教師如採回到職場工作方式充實實務工作經驗，須是有酬及能更新、提升或發展其產業連結能力

有酬工作才能落實業主和教師之間的雇傭關係，學校只該支付教師業界給付低於學校薪酬的少部分差額。此外，此種有酬工作須是有學校介入評核，使確能更新、提升或發展在職教師產業連結能力的工作。

4. 除了法規，還需要成功模式引導實務運作

有如《孟子‧離婁上》所說：「徒善不足以為政，徒法不能以自行。」法規除了法律或命令本身，還需要妥善的配套措施方能落實。成功模式是推動技專校院在職教師充實實務工作經驗的重要配套措施，這種模式可以參採國內外的成功經驗研訂出來。

　　以上的解決對策，一方面須在現有法規下戮力落實，一方面須啟動法規修訂的程序。

-------------------------------- 參考文獻 --------------------------------

林潔玲（2014，6月20日）。**消除技職學就業落差勞動部要引進澳洲制度。** ETtoday 新聞雲。https://www.ettoday.net/news/20140620/370082.htm

教育部（2015，11月18日）。**技專校院教師進行產業研習或研究實施辦法。** http://edu.law.moe.gov.tw/LawContent.aspx?id=GL001499

澳洲駐臺辦事處（2017，10月30日）。https://www.facebook.com/australianofficetaipei/posts/1283743235105358

Australian Consulate-General Shanghai, China. (n.d.). *Study in Australia*. http://shanghai.china.embassy.gov.au/shai/study.html

Australian Government. (n.d.). *Vocational education teachers*. http://joboutlook.gov.au/occupation.aspx?code=2422

Australian Government, Australian Skills Quality Authority. (n.d.). *Meeting trainer and assessor requirements*. https://www.asqa.gov.au/newspublications/publications/fact-sheets/meeting-trainer-and-assessor-requirements

Prosser's sixteen theorems on vocational education. (n.d.). http://www.morgancc.edu/docs/io/Glossary/Content/PROSSER.PDF

Stibitz, S. (2015, May 22). How to get a new employee up to speed. *Harvard Business Review*. https://hbr.org/2015/05/how-to-get-a-newemployee-up-to-speed

TAFE Government. (2016). *Become a TAFE teacher*. Retrieved from https://www.qld.gov.au/education/jobs/teacher/pages/tafe

TAFE Queensland. (2014). *About TAFE Queensland*. http://tafeqld.edu.au/about-us/tafe-queensland/

（2018 年 2 月發表於《台灣教育》，第 709 期，頁 39-44）

34 有可轉用能力才能跨領域

　　「跨領域人才」是當今熱門話題。例如媒體報導：(1)2017 年 3 月，有製造業者著眼於在製造智慧化的趨勢中有人機協作、虛實整合等需求，主張新進人員要會看圖表、讀數據等新方法以理解工廠運作，主管人員則須懂跨領域的專業知識，了解如何結合資通訊科技、虛擬設計製造等。(2)2017 年 8 月有立法委員針對 2016 年青年失業人數多達整體失業人數 45% 左右，且 30 歲以下的青年失業率比整體失業率高出許多，而主張現在全球的趨勢不是單一專業，高教環境該思考如何培養跨領域人才，讓青年更有競爭力。(3)2017 年 8 月，人工智慧（AI）業者認為臺灣要追上 AI 發展腳步，須有能促進產業 AI 化和 AI 產業化的跨領域人才大軍，但短期內 AI 人才須由企業內部培養，預估 2 年後重點系所的畢業生才會具備相關專業。

可轉用能力是帶得走的能力

　　上述三個案例的共同點是都主張跨領域知能的重要性，但是例 1 的業者認為製造業主管人員比新進人員更須具跨領域專長；例 2 的立委認為高教階段須普遍培育跨領域人才；例 3 的業者認為 AI 跨領域人才須由業界先培養。無論如何，跨領域人才培育需要大家關注，但是要「跨」到什麼

程度才叫跨領域，會因產業類別、企業規模、職務範圍等不同而有別，不宜說所有人員在職場都要「跨領域」。

　　教育單位供應端和用人單位需求端都怕供需沒校準好或好高騖遠，會培養出「樣樣通、樣樣鬆」的人才。例如當今就有不少中小企業業者，主張他們要的「跨領域」人才是「一專多能」人才，而非「多專多能」人才。亦即，他們較需求 T 型人才而非 π 型人才。但無論 T 型或 π 型人才所需的「多能」（versatility）中都包括可轉用能力（transferable skills）。

　　舉例言之，有一個在幼兒園當過保育員的年輕人到大學去應徵行政助理，在面談時被問到能否勝任和大學教職員工生的互動時，她扼要地說出她在幼兒園裡如何帶好園生、如何辦好活動，以及如何和園生、家長及同仁做好溝通。她的說明讓面談者相信她可以將在幼兒園的人員領導與管理、活動組織和人際溝通等能力轉移到大學行政助理的工作運用。於是，她獲得這份工作，後來也表現得很好。上述年輕人從幼兒園轉移到大學的能力就屬可轉用能力。這種帶得走的能力讓那個年輕人消除了在大學沒有直接工作經驗的求職和發展障礙。有時，這種能力被稱為通用（generic）、軟性（soft）或 21 世紀（21st century）能力。

可轉用能力以符應需求最為重要

　　可轉用能力是在某個情境學到之後，可轉用到其他情境的知識、技能和知能之應用。這種可通用在不同工作、角色和領域的能力，可能在家庭、學校和職場等生活經驗中培養出來。究竟那些可轉用能力最重要則人言人殊，重點仍在符應需求者最重要。英國的 Roger Benett 在 2002 年發表的《雇主對畢業生可轉用能力的需求》一文，報導針對 2 年內行銷、一般管理、財務和人資管理四個職類共一千則徵才廣告進行內容分析的結果，指出最重要的四種可轉用能力依序是：溝通、團隊合作、資訊科技

（IT）和組織。這四種可轉用能力幾乎是當今許多被討論之可轉用能力的交集。例如 RBS Career Kickstart 於 2017 年指出雇主們喜歡的五種能力如下，其中第 1、3、4 種和上述四種能力幾乎一致：

1. 溝通：聽、說、讀、寫能力。
2. 解決問題：跳出框架分析問題和排除故障能力。
3. 團隊合作：與他人共事、聆聽及接受他人想法、記住共事的人是團隊夥伴，以及和團隊夥伴朝共同目標努力的能力。
4. 規劃與組織：管理時間、應付忙碌，以及修改課業與嗜好之雜項的能力。
5. 人際：待人親善和與人建立關係的能力。

可轉用能力含個人效能、學術和職場等基礎能力

美國勞工部就業與訓練局（Employment and Training Administration, ETA）和產業夥伴合作，開發和維護重要經濟產業和美國經濟各部門所需基礎和技術能力的動態模型。ETA 金字塔型的能力模型由下而上分成下列五層：

1. 個人效能能力：常被稱爲「軟性能力」。
2. 學術能力：含認知功能和思考風格。
3. 職場能力：指動機和特質以及人際和自我管理風格。
4. 產業全域技術能力：某個產業內都需要的技術能力。
5. 產業部門技術能力：某個產業內某個部門所需要的技術能力。

愈下層的能力愈適用於愈多的職業和產業，愈上層的能力愈因職業和產業別而分殊。對應層次 4-5 的能力被稱爲技術能力，層次 1-3 的能力被稱爲基礎能力（foundational competencies），層次 1「個人效能能力」含：人際能力、誠信、敬業、主動、可靠和可信、適應力和靈活度、終身

學習；層次 2「學術能力」含：閱讀、寫作、數學、科學與技術、溝通、批判與分析思考、基本電腦技能；層次 3「職場能力」含：團隊合作、以客為尊、規劃與組織、創意思考、解決問題與做決定、使用工具與技術、排程與協調、檢核、檢查和記錄、業務基礎、可永續實務、健康和安全。ETA 的能力模型將前述溝通、團隊合作和解決問題等可轉用能力做了適切的定位，也在模型相關文件中為這些能力提供更多的解說。

　　不論學校、訓練機構、企業或個人，都應正視可轉用能力的重要性，而且該善用 ETA 的能力模型等工具，促進學生、學員、員工或本身的可轉用能力，以利在領域內或跨領域發展。

　　　　　　　（2017 年 10 月發表於《經濟部人才快訊電子報》）

35 職能本位學習須通得過兩項檢驗

　　網路上有個笑話如下：幾個人合資開一家公司，為了強調能力高超和彰顯公司霸氣，特別給公司取名為「能力」。當他們興高采烈地去拿回申請的營業執照後，全都傻眼了，只見執照上大大地寫著「能力有限公司」。

　　無論如何，重視能力是好事。因為個人、團隊或組織「成功」的約略公式是「能力 × 意願 × 機會」。職能是個人從事職業所需的能力，或進一步說是：為履行某一工作的角色與職責所需的一組知識、技能和才能，這組知能和才能關聯工作績效、有廣為接受的評估標準，且可經由教育、訓練與發展加以改善。臺灣在少子化、高齡化又人才外移加劇中，正邁向「生之者寡，食之者眾」的社會，工作導向的教育與訓練尤須重視職能本位學習（competency-based learning, CBL）以經濟有效地培育高產能的「生之者」（從事生產的人）。但是，職能本位學習至少須能通得過下列兩項檢驗，否則只能稱之為「職能本位『有限』學習」或「偽職能本位學習」。

學習者須有精熟職能的表現才能進階學習或完成學業

　　《韓非子》中說齊宣王喜歡聽竽（古代簧樂器）的合奏，不會吹竽的南郭先生為了得到供養，混在 300 名的樂團裡裝模作樣地過了好幾年。後

來宣王的兒子泯王繼位，喜歡聽竽的獨奏，不會吹竽的南郭先生趕快逃之夭夭。這是成語「濫竽充數」的典故，沒有吹竽能力的南郭先生經不起獨奏的考驗。採行 CBL 的教育與訓練可實施個別教學、小組教學或班級教學，也很鼓勵學員（生）透過協作學習，但須講求學習者中心，每一名學習者都須精熟預定的職能才能進階學習或完成學業，不能在小組或班級的群組中蒙混或靠同儕夾帶過關。所以，CBL 的完整結構是創建、管理一組清晰界定的職能並使其和學習資源（課程、師資、教材、教法等）、評估（常含評量尺規）相互校準，並透過分析追蹤後續績效。

例如聯合國教科文組織的國際技職教育與訓練中心（UNESCO-UNEVOC）定義職能本位訓練（competency-based training, CBT；屬 CBL 的一環）為：著重個人在完成訓練班制（program，或稱學程）後能在職場中做些什麼的職業教育與訓練取向。CBT 班制常包含一些模組（modules），模組再細分成學習結果（技能與知識），學習結果是根據產業設定的標準所擬定，而且設計有評估以確保每一名學員（生）達致每一模組要求的所有結果。理想上，在 CBT 班制內的進展是根據「是否學到職能」而非「花了多少時間」，一旦學員（生）達致或擁有模組中所要求的結果，就可以向下一個模組移動，因而多數學員（生）可以用較快的方式完成學習班制。但是，某些 CBT 班制只有固定的時間範圍；某些 CBT 模組有工作崗位上和工作崗位外兩種評估組成。

學習者有習得職能的多元管道與彈性方式

《誰是接班人》（The Apprentice）是川普（Donald Trump）擔任美國總統之前監製也主持的真人秀電視節目。來自美國各地的節目參加者被分成兩隊比賽，每週兩隊須完成交付的商業相關任務，終極勝出者將成為川普的「徒弟」。有時，兩隊的組合是一隊由有商業相關學歷的人組成（被

稱爲「書本智者隊」），另一隊由自學和自營而無商業相關學歷的人組成（被稱爲「街頭智者隊」）。兩隊孰優孰勝，各憑能力。換句話說，不管能力來自書本或街頭，有贏得比賽的能力才是王道。

CBL 強調學習期望是固定的但學習過程是彈性的。職能可透過下列多種學習管道獲得及精熟：正規學習（如參加教育或訓練班制）、非正規學習（如由網上瀏覽自學）及非正式學習（如從生活或工作經驗中受益）。在採行 CBL 的教育或訓練班制中，則須實施差異化教學──依學員（生）個別差異及需求，彈性調整學習內容、進度和評量方式，以提升學員（生）學習效果和引導其適性發展至待學職能達精熟以上程度（任一職能有生─熟─巧─師─神的層次）。就在職人員而言，更須透過這些管道的混合運用獲得及精熟職能，並經由本身和主管乃至同儕一起評估，確認出那些是正向影響工作績效的職能，並透過學習加深加廣職能。

例如澳洲提供技職教育與訓練的 TAFE（technical and further education）高度採行 CBL。TAFE 授予的證書或文憑採認學員（生）先前透過學習、工作或產業經驗、志工等管道習得的能力，也透過多元學習管道的提供以配合學習者的學習需求和生活風格。常見管道如下：隨時隨地可學的線上課程、衝刺型的短期課程、配合學習者步調的彈性組合課程、四平八穩的全時課程、利用空檔的部分時間課程、在工作崗位上訓練的學徒制和訓練生制。

換句話說，通得過以上兩項檢驗是 CBL 的必要條件。兩項檢驗中至少含下列七個關鍵元素：學習者中心（learner-centered）、精熟學習（mastery learning）、結果導向（outcome-based）、差異化教學（differentiated instruction）、先前學習資歷採認（recognition of prior learning）、多元進路（multiple pathways）和彈性學習（flexible learning）。

（2017 年 7 月發表於《經濟部人才快訊電子報》）

36 人力資源管理該掌握「員工體驗」新動向

員工體驗已成人力資源管理的重要策略性業務並正持續受到關注

英國德勤（Deloitte）大學出版的《2017 年德勤全球人力資本趨勢》報告，指出員工經驗（employee experience, EX）在十大人力資本趨勢中排名第四（受訪的 140 國逾 10,400 名企業和人資主管中，有 79% 認為 EX 重要或很重要）。EX 是員工進入組織工作前、中、後，所經歷與組織一切人、事、時、地、物互動的旅程（journey），也是員工在其工作組織之旅程中的遭遇和感受，其變數包含實體工作空間、心理健康意識和在何時何地工作的彈性等等。

前述德勤報告指出重視 EX 的組織正擴大對員工的關注，將潛在員工第一次和組織接觸、進到組織工作至退休及以後的旅程都納入範圍，組織關照其旅程、研究其需求和了解其經驗。因而工作場所重新設計、福利和工作產能系統全都成為人力資源的任務。就企業和人資主管而言，Tim Sackett 曾說：EX 就是讓員工在和你一起經歷的旅程中盡可能既愉悅又有產能，讓員工看得到讓他們煩心的事物和障礙被逐一排除。所以 EX 是組織和其所有人員一起開創個人化和很實在的經驗，培養出快樂、高產能和受支持的人力，以獲得出色之個人和企業績效的業務功能。

　　EX 既是全程的（涵蓋整個受僱的生命週期）和全面的（包含所有與組織的接觸點），是屬於「策略 / 戰略」層次，不應被窄化成只是員工參與或員工滿意、員工回饋、彈性工作時間和地點、福利待遇、開放空間等「戰術」，而是該注重整體觀、系統化，使發揮綜合效益（synergy）。

　　到《2019 年德勤全球人力資本趨勢》的十大趨勢中，EX 已升高爲排名第二（全球近 10,000 名受訪者中，有 84% 認爲重要或很重要，28% 認爲急迫，43% 認爲已準備好或很好）。又如美國的 ITA 集團也預測 2020年改善和增強 EX 的工作將會持續成爲各地領導者關注的重點領域。Jason Wingard 於 2020 年 1 月在《富比世》（Forbes）雜誌上的文章則將「EX 至高無上」列爲 2020 年代職場三大新興趨勢之一。他的立論是下個 10 年將普遍人才短缺，領導者將須竭盡心力確保員工快樂、健康和充實，這些素質就在 EX 的業務範圍內。此外，隨著全球人力到 2015 年 Y 世代（一般指 1981-1996 年之間出生者，又稱千禧世代）將至少占 50%，到 2030 年 Z 世代（一般指 1996-2010 年之間出生者）將約占 33%，Y 和 Z 世代員工會比之前的世代更重視被信任、被關愛和需求被支持，所以人資部門務須增強 EX 以改善招聘和留用率，以及提高產能等重要事項。

　　綜上，EX 已成人力資源管理的策略性業務並正持續受到關注。但是，從 2017 年起開始成爲熱門話題的 EX 也在與時俱進中，人力資源管理該掌握 EX 的那些新動向呢？

EX 新動向有待及時掌握

　　EX 至少有下列三個新動向，值得人力資源管理掌握：

1. EX 正在被盡可能地量化，以利管理

　　常有人說：「不能量化就難以管理。」所以 EX 正在被盡可能地量化以

利管理。例如 IBM 於 2018 年發表的 EX 指數（index）將 EX 定義為「員工反應其在工作上和組織互動經驗的一組知覺」，並據以發展出下列五個向度、10 個項目的指數，以抓住 EX 的核心面向：

(1) 歸屬感──屬於團隊、團體或組織的一部分的感覺。

(2) 目的──對自己的工作為何重要的了解。

(3) 成就──從完成的工作中獲得的成就感。

(4) 幸福──從工作當中或周遭獲得的愉悅感。

(5) 活力──就工作展現活力、熱情和興奮。

為了驗證這些指數，IBM 針對 45 個國家 23,000 名員工進行調查，發現在五個向度上分數較高者工作績效較佳、自主工作度較高和留職率較高。進一步就 EX 指數分數前 25% 高分組和後 25% 低分組做比較，發現：高分組中 96% 有好的工作績效，低分組中只有 73%；高分組中 96% 會自主工作，低分組只有 55%；高分組中 21% 傾向離開現職，低分組中則有 44%。IBM 就此發現，並進一步解釋高分組的組織通常讓員工參與做決定、給員工優質的回饋，以及開創員工互助的環境。

2. EX 旅程的重點正被陸續辨認，數位化也被愈來愈借重，可供參探

EX 受到重視也導致組織部門和業務的變革，例如美國的 Airbnb 公司（營運特色旅遊之房屋短租）將傳統人資部門裁撤，任用全球 EX 長，帶領 EX 團隊推動 EX 業務。初期的業務變革如其全球 EX 長所說，主要在：從客戶體驗（customer experience, CX）部門吸取經驗，結合了以前彼此分離的人力資源和公司文化工作；添加或加入設施、安全、保障、食品、全球公民 / 社會影響、多樣性和歸屬功能；開發整體薪酬、學習、人才設計和人才系統等專業領域。EX 本身和其影響的實務值得密切觀察和借鑑之外，EX 旅程的重點正被陸續辨認出來，例如 AIHR DIGITAL 將員工旅程分成三個階段，各有重點如下：(1) 僱前：尋才、

應徵、面談、僱用條件與接受；(2) 僱中：入職引導、貢獻、發展、成長；(3) 僱後：離職、聯繫、重僱。又如 bonfyre 主張 EX 該由程序性 EX、質地性 EX 和情感性 EX 三個構面交織而成。程序性 EX 指員工實際工作的經驗，質地性 EX 指員工與工作環境之質地（由實質空間、科技和文化交織而成）的互動經驗；情感性 EX 指員工對組織的想法、與同事和主管的互動，以及對工作環境的了解與瀏覽程度。其中，諸如彈性工作、溝通與協作以及即時回饋等都有賴數位科技。

3. EX 名稱被訴求從「員工經驗」轉移到「人力經驗」，以貼近員工願望

〈2019 年德勤全球人力資本趨勢〉報告指出 EX 的重要性雖在提高，但其概念性名稱尚不足以因應員工想找到本身工作意義的需求。因而，主張將名稱更新爲「人力經驗」（human experience, HX），其理由是「經驗應該是由下而上和個人取向」。如圖 1，德勤報告將組織導向（由上而下）—員工導向（由下而上）放在 X 軸，專業取向（工作）—個人取向（個體）放在 Y 軸，在 X 和 Y 兩軸構成的四個象限中，HX 落在第一象限，即員工導向（由下而上）+ 個人取向（重個體），著重對員工願望的了解和員工達成願望的協助；相對地，EX 被認爲是落在第四象限，即員工導向（由下而上）+ 專業取向（重工作），亦即 HX 和 EX 都是員工導向（由下而上），但 HX 較個人取向（重個體）、EX 較專業取向（重工作）。固然，名稱從「員工經驗」轉移到「人力經驗」的主張尚待市場檢驗和取捨。但是，EX 該更著重員工導向（由下而上）和個人取向（重個體），已被再度提醒。

▶ 圖 1 ▶ 有關 **EX** 的四個類型

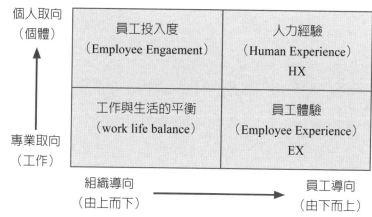

資料來源：2019 年德勤全球人力資本趨勢。

綜合上述，為了找得到和留得住優質人才並提高員工和組織的績效，重視愉悅化和產能化員工旅程的 EX 愈來愈被借重。所有公私立組織的人力資源管理都該掌握其新動向。

（2020 年 3 月發表於《經濟部人才快訊電子報》）

人才發展的課題

團隊與領導

37　團隊領導的寓言與意涵

　　為了更有效完成工作、達成目標或解決問題，公私部門愈來愈講求團隊合作和善用團隊。但是，團隊合作和善用團隊都有賴優質的團隊領導。本文借重寓言或故事，說明團隊領導的目的、模式與要點。

團隊合作得宜，可以較少付出，獲得較多收益

　　在《伊索寓言》中有一則〈肚子與器官〉的寓言如下：

　　有一天，做一切工作的身體器官們不滿肚子吃掉所有食物。因此，它們召開了會議，經過長時間的討論，決定罷工到肚皮同意分擔工作。頭一、二天，雙手不去拿食物，嘴巴拒絕吃喝，牙齒也不咀嚼。但是一、二天之後，大家開始發現它們各自是在一個非常遲鈍的狀態：雙手幾乎無法動彈，嘴巴焦渴乾燥，雙腿無法支撐其餘部分。因此，它們發現肚子是以平淡安靜的方式為身體做必要的工作，所有器官必須一起工作否則身體會垮掉（Aesop, n.d.）。

　　這個寓言的意涵至少如下：一個單位或團隊要運作順利，成員之間須各司其職、同心協力、相互尊重、互濟共榮。

一隻手的五個手指頭為了主張自己是最好的而爭論不休。大拇指說：我最棒，因為稱讚時都豎大拇指。食指說：我最有權威，因為指點時都伸食指。中指說：我最偉大，五指併攏時我最突出。無名指說：我最神聖，因為訂婚戒指是戴在我身上。小指說：人們禱告或拜拜時，我站在最前面。在爭論不休下，小皮球建議看誰能拿得起它，誰就最屬害。五個手指頭都覺得這個建議可行，但是它們一個個來都沒能拿起小皮球。小皮球接著建議五個手指頭一起拿，果然很輕易就拿了起來（第一文庫網，2016）。

這個寓言的意涵至少如下：個人除了單打獨鬥，還要團隊合作，才能做更多的事或把事情做得更好。團隊是由有共同目標之兩個以上的個人所組成，講求個別與集體績效，而能產出綜效（synergy）的組合。對照上述寓言，個人像手指頭一樣各有所長，但手指頭在「單打獨鬥（或獨立作業）」（例如拇指按押按鈕）之外，兩個以上的手指頭「團隊合作」（例如兩個以上手指合作拿筷子、扣鈕扣；「拿」是「合手」），常可完成單一手指所無法完成的作業。所以，由兩個以上的人組成的團體或群體（group）只是團隊（team）的必要條件，而非充分條件；能產出綜效的團體才算團隊。亦即，團隊須能發揮「整體大於部分之總和」的效果，「大於部分之總和」的部分即是「綜效」。綜效的例子之一是：木材合板是以三張以上之奇數層單板，將纖維方向相互垂交、黏合加壓而成。合板強度大於其組成單板強度之總和，多出的強度即是三張以上單板合成所產生的綜效。另與同樣厚度的單板比較，合板的強度也較大，而且其心板可採用較次等的材料，而節省成本和提高木材使用率，亦即還可產出增大強度之外的綜效。綜效的另一例子是：兩名業務代表每年各做 100 萬元的業績，兩人合作後做出 250 萬元業績，兩人合作產出的綜效為 50 萬（250 − 100×2 = 50）。

　　由於綜效，團隊合作被認為可以較少的付出獲得較多的收益（work less and get more done）。例如某公部門業務增多，人力吃緊，透過團隊建立，加強成員之間的溝通與相互尊重，促使更多人朝向共同目標努力，開拓了相互協助和支援的環境，透過增能而非增人解決了「人力不足」的問題。又如護理人員做好團隊合作，可提高工作滿意度、照護品質、病患安全以及對新進人員的支持（Lampert, n.d.）。所以，有人說團隊合作是讓平凡人得到非凡結果的燃料。團隊之組成，成員人數寧少不宜多（以 7 人左右為理想），成員之間講求特質（如能力）互補。群體或團隊也可能產出整體「等於」或「小於」部分之總和的效果，「等於」和「小於」部分之總和的部分，分別是「零綜效」和「負綜效」。例如俗語「一個和尚挑水吃、兩個和尚抬水吃、三個和尚沒水吃」中，兩個和尚產出的綜效是負 3 桶水（每個和尚備水的被期望值是 2 桶，但兩個和尚卻只抬了一桶水；所以，兩個和尚一起備水的綜效是 $1 - 2 \times 2 = -3$），三個和尚一起備水的綜效則是負 6 桶水（$0 - 2 \times 3 = -6$）。

　　團隊需要經營、管理、發展和領導等，才能產出正向綜效，發揮完成工作、達成目標或解決問題等面向的績效。汽車是由成千上萬個零組件組合在一起作功，美國汽車大王 Henry Ford 曾說：「團聚在一起是開始，維持在一起是進步，工作在一起才是成功。」（Coming together is a beginning; keeping together is progress; working together is success）（Andersen, 2013）指出群聚（together）有「團聚在一起」（coming together）、「維持在一起」（keeping together）和「工作在一起」（working together）等層次。有優質的團隊領導（team leadership）才可能將兩個以上的人員從 "coming together" 發展到 "working together"，產出綜效。亦即，團隊領導的目的在促進團隊發展，發揮團隊績效。

團隊領導可參採希爾（Hill）的團隊領導模式

有個有關猴子的領導寓言如下：

研究人員把六隻猴子關在籠子，籠中梯子頂部有一串香蕉。每次猴子開始爬上梯時所有的猴子都會被噴灑冷水。最終，猴子都拒絕爬上梯子。一隻猴子被移除並用另一隻從未被噴過冷水的猴子替換。當新猴子嘗試爬上梯子，原來的五隻猴子開始打牠，使牠無法攀登梯子。原因在原來的猴子都被噴灑冷水制約成不爬梯子。最終，所有六隻原有的猴子都陸續被沒經歷過冷水噴灑的新猴子取代。但是，猴子都不會爬上梯子去拿香蕉而且會阻止那些嘗試者。牠們甚至不知道為什麼。就爬梯的特定反應而言，牠們被團體制約了（CO2, 2012）。

組織或職場的員工常習慣於單打獨鬥或相互競爭而不善於合作，而很需要優質團隊領導糾合群力發揮效益。團隊領導人是一個可能對其他成員沒制式權力，但在永久或輪流制下被任命或擁戴為擔負下列工作的團隊成員：(1) 代表團隊對較高層級負責；(2) 在未能達成共識時做出決定；(3) 解決團隊成員之間的衝突；以及 (4) 協調團隊的努力（Business Dictionary, n.d.）。但是，如同野雁形成 V 字形隊伍飛行時，領頭雁是採輪流制以免累壞了而拖累整個隊伍，所以團隊可採行分散領導——成員在相互信任與合作氛圍下，參與領導活動、擔當領導角色並承擔領導責任，亦即領導權責散布於各成員。

團隊領導可參採希爾（Susan Hill）的團隊領導功能模式。希爾的模式如圖 1 所示。該模型試圖整合團隊意義、領導與效能，以及提供團隊領導人可用以改善團隊合作的特定行動。團隊領導人和成員可藉助此一模式就團隊現況做決定，和考慮須採取那些行動以改善團隊的運作（Abolrou, 2010）。

▶ 圖 1 ▶ 希爾的團隊領導模式

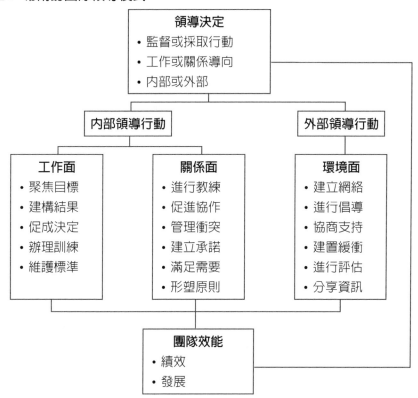

資料來源：Hill, 2001, p. 291.

該模式展示了領導人必須做出下列三項調解性的決定：(1) 針對當下
課題，最適合進行監督或採取行動？(2) 如果須採取行動，何種層次的團
隊程序須由領導加以關注？內部、外部、團隊課題等。(3) 決定在干預中
該發揮的最適切功能或能力。領導人必須根據情境慎選行動，和展現下列
三組能力：

1. 內部工作面領導功能 —— 旨在提高工作績效

(1) 聚焦目標（澄清、取得協議）。

(2) 建構結果（規劃、組織、明確分工、委派）。

(3) 促成決定（通知、控制、協調、調解、綜合、聚焦課題）。

(4) 訓練成員的工作能力（教育、發展）。

(5) 維持卓越標準（設定團隊和個人的績效、面對績效不足問題尋求對策）。

2. 內部關係面領導功能——旨在改善團隊關係

(1) 教練成員的人際能力。

(2) 促進協作（包容、參與）。

(3) 管理衝突和權力課題（避免對抗、詢問想法）。

(4) 建立承諾和團隊精神（樂觀、創新、設想、社交、獎賞和表揚）。

(5) 滿足個別成員需求（信任、支持、倡導）。

(6) 樹立道德和原則實務（公平性、一致性、規範性）。

3. 外部環境面領導功能——旨在改善環境與團隊的互動

(1) 在環境中建立網絡和形成聯盟（蒐集資訊、提高影響力）。

(2) 在環境中倡導和體現團隊合作。

(3) 向上協商以確保團隊所需資源、支持和認可。

(4) 爲團員緩衝來自環境的干擾。

(5) 評估團隊效能的環境指標（調查、評鑑、績效指標）。

(6) 與團隊分享適切的環境資訊（Abolrou, 2010）。

以上的做決定和能力展現須有目的性——提高團隊整體和成員個別績效，以及裨益團隊後續發展。

美國蘋果公司的賈伯斯（Steve Jacobs）生前曾說過下列團隊合作故事：

當我還是個年輕的孩子，有個鰥夫住在街上。他大約80多歲，面貌有點嚇人。我必須認識一下他，因爲我想他可能會付錢僱

我修剪草地。有一天，他對我說：來我的車庫我給你看點東西。他掏出一個塵封已久的老舊滾石機。那是一個馬達、一個咖啡罐，它們之間有條小皮帶。他說：跟我來。我們走到後院找到了一些石頭──一些普通、老醜的石頭。我們把石頭放在罐裡，加點液體和砂礫粉，然後我們蓋上罐子開啟了馬達。他說：明天再過來。當石頭在罐中轉動時，罐子發出喧鬧聲。第二天我回到車庫，我們打開罐子取出美得令人驚訝的拋光石。普通石頭經過如拍手般相互衝撞、產生一些摩擦、製造一些噪音，終於出來了這些美麗的拋光石。這故事一直在我的腦海中成為團隊合作的比喻，員工各有其熱衷的事物，團隊合作真的很難。透過團隊──才華好到令人難以置信之人員的群聚──相互碰撞、爭論、爭吵、製造噪音，然後一起工作。他們相互拋光和想法被拋光，產出這些美麗的石頭（Sonjablignaut, 2013）。

　　和故事中的石頭一樣，團隊領導人本身和團隊成員須一起經歷相互碰撞、爭論、爭吵、製造噪音。領導人在過程中須發揮影響力，擬訂方向、促進溝通、激勵士氣、化解衝突等，才能和成員達成團隊目標。但是，「兩隻火雞不會變成一隻老鷹」、「由老鷹領導，火雞也飛不上天」和「一隻獅子領導一群綿羊，綿羊會變成獅子；一隻綿羊領導一群獅子，獅子會變成綿羊」。所以，團隊領導人和成員都須慎選且互補。貝爾賓（Meredith Belbin）提出的團隊九項角色，指出高績效的團隊需要有九種角色，每個成員各自擔負一個以上的角色以展現獨特和固有的強項。三面九項角色如下（Belbin North America, 2016）：

1. 人員面

(1) 資源調查者：外向、熱情、善於溝通。可探索機會和發展與有助專案計畫的人員之聯繫。

(2) 團隊合作者：合作、溫和、善於知覺和外交。能傾聽、建立、避免摩擦和平息紛爭。

(3) 協調者：成熟、自信和良好的團隊領導者。能澄清目標、促進做決定和授權。

2. 行動／動作面

(1) 塑造者：挑戰、充滿活力，在壓力下蓬勃發展。有克服障礙的驅力和勇氣。

(2) 實施者：有紀律、可靠、保守、有效率。能轉化想法為實際行動。

(3) 完成―結束者：能吃苦、兢兢業業。會尋求錯誤和遺漏。可按時達成。

3. 思考面

(1) 工廠：有創意、有想像力、非正統。能解決困難問題。

(2) 專家：專一、具自發性、敬業。可在極少供應下提供知識和技能。

(3) 監督―評鑑者：清醒的、有策略、挑剔的。能看到和評鑑備選方案。會精確判斷。

　　有人喜歡顯現臺前，有人喜歡隱身幕後；有人擅長與人互動，有人擅長處理事物；有人喜歡提構想，有人喜歡做決定……以上各種角色各有其發揮的場域，例如資源調查者善於維護關係，並利用外部對策解決問題。各種角色在不同的團隊專案計畫階段也有不同的重要性，例如在評估和確認顧客的需求和目標階段，須借重塑造者和協調者。團隊領導人須針對目的和時空，善加選擇和運用團隊成員的各種角色，使各盡其才又產出綜效。

團隊領導在團隊發展過程中宜有不同的著重

美國第 34 任總統艾森豪（Dwight Eisenhower）曾說：拉繩子，它會跟著走；推繩子，它就去不了。這句話提醒領導人要常扮演帶頭領航者的角色，但是團隊是有機體而非繩子，所以推和拉都需要巧妙運用。團隊領導人不但要帶領成員決定正確的方向，還要適時踩油門加速或踩煞車減速，在加速和減速的巧妙搭配或相輔相成下得到最佳的績效。

塔克曼（Bruce Tuckman）的團隊發展階段（stages of team development）模型主張團隊發展歷經下列四階段（見表 1 和圖 2）：

1. 形成：團隊成員自願或被指派組建團隊初期，尚不清楚團隊目的和個人角色。
2. 激盪：成員之間衝突升高，個人開始尋求在團隊中的定位。
3. 規範：團隊中建立起某種程度的共識和協議，個人角色已釐清。
4. 執行：團隊有明晰策略和共同願景，而能自主運作和積極解決課題。

▶ 表 1 ▶ 塔克曼的團隊發展階段與特徵

	階段			
	形成	激盪	規範	執行
團隊重點	設定目標	解決衝突	促進程序	進行教練
指示程度	高	高	低	低
支持程度	低	高	高	低
領導重點	個別工作	人員互動	工作互動	團隊自我發展
說服風格	講述／催促	行銷／諮詢	傾聽／指導	觀察／支持
團隊互動	領導人提供連結	促進各種關係	促進團隊程序	借重動態群組
總結	各種個人	各種關係	各種程序	自我發展

資料來源：Aziz, 2014.

　　以上四個階段之後又加了第五階段「修整」，如表 2 所示。各階段的領導重點如表 1、2 和圖 2 中所示。團隊不但不會自動完成四或五階段的發展，還常會在發展中夭折，所以需要卓越的領導促進發展。

▶ 圖 2 ▶ **塔克曼的團隊發展行動類型**

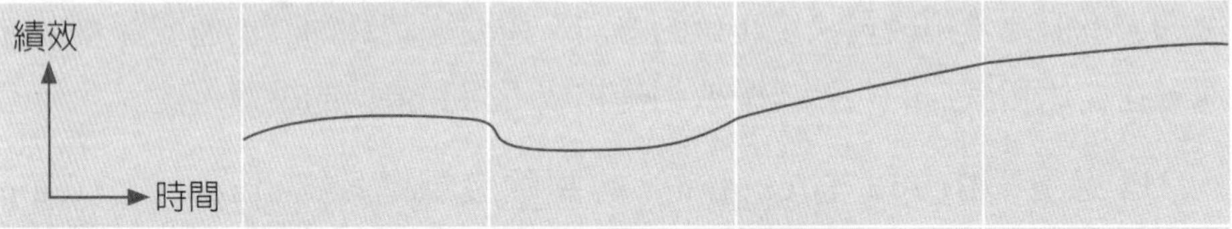

階段	形成	激盪	規範	執行
和人對比	嬰孩期	青澀期	青春期	成熟期
溝通程度	有禮貌、階層式	細分、非結構化	結構化和反思式	有衍生、具產能、開創網絡
關係程度	有禮、好奇、警覺、尷尬、緊張	有壓力、熱烈的、派系形成、異議出現	穩定角色、法則明定、反思式、先想「我們」再考慮「我」	尋求發展、信任、開放程度、增能
工作程度	資訊蒐集、調整	界定邊界	結構化、組織化、清晰目標和標的	工作導向、創意、PDCA品管、自我驅動
領導風格	指示（告知）	教練（指導）	參與（促進和培力）	授權（督導）

資料來源：Aziz, 2014.

▶ 表 2 ▶ 團隊發展識別表

第一階段：形成──主題：覺察
- 給成員時間讓他們相互認識
- 提供有關內容和程序的必要資訊
- 強調所需新能力
- 辨識關鍵團隊價值並使其連結當前工作
- 分享過去的成就故事和慶祝活動
- 擬訂成果的團隊願景
- 設定達成成果的目標

第二階段：激盪──主題：衝突
- 採取果斷行動和設定團隊參數
- 傾聽所有的觀點
- 使用調解、協商和仲裁
- 考慮新觀點和替代方案
- 建議並徵求看待問題的可選方式

第三階段：規範──主題：合作
- 提供機會讓所有成員參與
- 提供機會讓成員相互學習和協助
- 形塑和鼓勵支持性行為
- 打開溝通管道
- 針對工作提供建設性和有助修正的回饋
- 在工作環境添加一些幽默和樂趣

第四階段：執行──主題：產能
- 獎勵和表揚績效成果和積極的工作關係
- 促使團隊參與群體解決問題和預見問題
- 分享做決定機會
- 檢查實施將如何影響團隊和組織的其他部門
- 使用授權以促進專業發展

第五階段：修整──主題：分離
- 提出績效評鑑的回饋
- 審查工作和作業關係
- 開辦重在表揚和趣味的慶祝活動
- 辦理終了儀式以彰顯專案計畫的結論

資料來源：Team Development Recognition Sheet, n.d.

從被領導和領導的經驗中磨練領導力才能成就團隊領導人

　　Gentry、Deal、Stawiski 和 Ruderman（2012）研究領導人究竟是天生還是養成，指出大多數研究者高度同意經驗很大程度地幫助人們學習如何成為一個領導者。亦即，從被領導和領導的經驗中磨練領導力才能成就團隊領導人。以下四則寓言及其意涵是可供團隊領導人參考的經驗。經驗需要持續反思才能成長和精進，而前述希爾的團隊領導模式、貝爾賓團隊角色理論和塔克曼的團隊發展階段模型都是有助引導和反思的工具。

　　一個總是說眞話和另一個只會講謊言的兩個人一起旅行，並偶然來到人猿的土地。其中一隻被推舉為王的人猿命令把他們抓過來看他們怎麼說，牠先下令所有人猿依慣例排在牠的寶座左右。在這些準備工作後，牠要求把他們帶過來，並這樣招呼他們：陌生人，在你看來，我是什麼樣的王。講謊話的人說：在我看來你是最強大的國王。猿王接著問：那我的左右呢？回答是：是你有價值的同伴，至少可當大使和軍隊領導。猿王和牠的法庭對他的謊言感到欣慰，吩咐給這個諂媚者一個好禮物。說實話的旅行者心想說謊話都得到這麼好的禮物，那按照我的習慣說實話，該會得到更好的獎賞吧？猿王很快就轉過來問他：你怎麼看我和我身邊這些朋友？他回答說：你是最優秀的人猿，而你的同伴也是優秀的人猿。猿王和牠的同伴聽了實話之後生氣地用張牙舞爪回報他（Aesop, n.d.）。

　　以上寓言對團隊領導人的意涵是華麗的話語不見得是實話，但團隊領導人和成員常喜歡聽浮誇的諂媚話。領導人須把握「好話一句三冬暖，惡言一句六月寒」的原則儘量說好話，但須防範團隊中充斥言過於實的話語。

動物們開了一個大會選舉新的統治者，猴子被要求跳舞。猴子跳得很好，而且做出數以千計的跳躍和鬼臉，帶動了動物們人仰馬翻的熱情，因而牠被選為國王。狐狸沒有投票給猴子，也很反感動物們選出如此不配的統治者。有一天，牠發現有塊肉在陷阱裡，趕快去告訴猴王牠已經找到了一個豐富的寶藏，牠沒碰，因為它是屬於猴王陛下的。貪婪的猴子跟著狐狸到陷阱。當牠看到肉就急切地抓取，才發現自己已身陷陷阱。狐狸笑了起來說：你裝模作樣當我們的國王，卻連自己都照顧不好！很快地，動物們又重新舉辦選舉了（Aesop, n.d.）。

以上寓言對團隊領導人的意涵是團隊常禍起蕭牆（禍亂出於內部），團隊領導人常高處不勝寒，既要照顧好團隊成員也要照顧好自己。也因此，團隊領導人的才德該讓團隊成員心悅誠服，至少是雖不滿意但仍可被接受。

一隻老鼠從牆壁裂縫看到農夫夫婦正打開一個包裹，以為包裹中是食物，結果是一個捕鼠器，很挫敗地逃到院子裡警告其他動物：房子裡有個捕鼠器！雞聽了只是咯咯叫和抬頭挺胸地說：老鼠先生，這是和你有關的墳墓，與我何關，不要煩我。老鼠轉向豬，豬同情地說：老鼠先生，我愛莫能助，但會為你祈禱。老鼠再轉向牛，牛很淡定地說：我很遺憾，但這與我無關，因它動不了我一根汗毛。老鼠垂頭喪氣的回到屋裡，很沮喪地獨自面對捕鼠器。一晚，捕鼠器捉到獵物，農夫太太匆忙去看捕捉到什麼，因為很暗，沒注意捕鼠器是夾到一條毒蛇的尾巴，結果被毒蛇咬了，農夫趕緊送她到醫院治療。農夫太太回家後還持續發燒。為了妻子，農夫宰了雞，燉雞湯給她喝，但太太仍沒好轉。為了招待來探望太太的朋友和鄰居，農夫又宰了豬。幾天後，太太過世了，許多人來參加葬禮，於是農夫又宰了牛

來款待親友午餐。老鼠從牆壁裂縫裡看到這一切，感到很哀傷
（US U.S. Inc., 2010）。

這個寓言告訴我們，當團隊中的任一成員到威脅，所有人都在危機
中。團隊領導人該讓團隊成員有休戚相關和榮辱與共的凝聚力，激勵和說
服大家相互協助與鼓勵。

北風和太陽爭論起誰較有本事。突然，他們看到有個人沿路走
過來。太陽就說：我看到有個方式可決勝負，我們當中誰能讓那
個人脫掉身上的披風，就算誰比較有本事，你先來。於是，太
陽躲到雲朵後面，北風就拚命地吹。但是，北風愈吹得厲害，
那個人就愈是用披風包緊自己。最後，北風沒辦法，只好放
棄。接著，太陽出來曬了一下，那個人覺得太熱就把披風脫掉
了（Aesop, n.d.）。

以上寓言對團隊領導人的意涵是：想改變一個人的行為，不能像北風
一樣只用強硬的手段，那只能讓人畏懼而防衛得更厲害。用像太陽一樣和
善的方式常能事半功倍地奏效。所以，尋求團隊共識時，團隊領導人該廣
諮博採、有效溝通，儘量避免便宜行事──重用表決做出決定。

參考文獻

第一文庫網（2016）。**五根手指的故事**。http://www.wenku1.com/list/%E4%BA%94
%E6%A0%B9%E6%89%8B%E6%8C%87%E7%9A%84%E6%95%85%E4%BA
%8B/

Abolrou, H. (2010). *Team leadership*. http://leadershiptheories.blogspot.tw/2010/02/
team-leadership.html

Aesop. (n.d.). The belly and the members. In *Aesop's fables*. http://www.
taleswithmorals.com/aesop-fable-thebelly-and-the-members.htm

Andersen, E. (2013). *21 quotes from Henry Ford on business, leadership and life*. http://ww.forbes.com/sites/erikaandersen/2013/05/31/21-quotes-from-henry-ford-on-businessleadership-and-life/#2715e4857a0b37c01a8f3700

Aziz, A. A. (2014). *W1 AAA Tuckman analysis assignment*. https://topazsmartd. wordpress.com/2014/05/02/w1_aaa_tuckmananalysis-assignment-3/

Belbin North America. (2016). *The nine team roles—and why each one is essential to a team's success*. http://belbin.improvingteams.com/using-the-nine-belbin-team-rolesfor-team-development/

BusinessDictionary. (n.d.). *Team leader*. http://www.businessdictionary.com/definition/team- leader.html#ixzz3xTHVSJ4x

CO2. (2012). *Leadership fables: The frog, the crab, and the monkey*. http://www. co2partners.com/thefrog-the-crab-and-the-monkey/

Gentry, W., Deal, J. J. Stawiski, S., & Ruderman, M. (2012). *Are leaders born or made? Perspectives from the executive suite. Center for Creative Leadership*. http://insights.ccl.org/wp-content/uploads/2015/02/AreLeadersBornOr-Made.pdf

Hill, S. E. K. (2001). *Team leadership*. https://online.ist.psu.edu/sites/ist875/files/t3_ leadershipchap12.pdf

Lampert, L. (n.d.). *Importance of team work in nursing*. http://www.ehow.co.uk/ info_8322208_importance-team-work-nursing.html

Sonjablignaut. (2013). *A great metaphor for teamwork from Steve Jobs*. https:// sonjablignaut.wordpress.com/2013/05/15/a-greatmetaphor-for- teamwork-from-stevejobs/

Team Development Recognition Sheet. (n.d.). http://www.people.vcu.edu/~rsleeth/ TeamDevelopment-Sheet.html#Recognition

US U.S. Inc. (2010). *The fable of the mouse trap*. http://ususinc.com/2010/12/ inspiration-a-fable/

（2016 年 2 月發表於《研習論壇月刊》，第 182 期，頁 1-9）

38

職場團隊合作的重要 職能與訓練趨勢

　　本文從職場團隊合作的重要性切入，再論述職場團隊合作的重要職能與團隊合作實然和應然的訓練趨勢，最後就職場團隊合作訓練做出兩項建議。

員工在職場須能獨立作業也須團隊合作

　　人的五個手指頭各有其功能或用處，但是兩個以上的手指合作可以做出許多單一手指做不到的事情，例如扣鈕扣、拿筷子……。單一手指在和其他手指合作之前，扣不上鈕扣或拿不了筷子（即單指扣鈕扣、拿筷子的功能是零）；兩個以上的手指適切合作之後產生的扣得上鈕扣或拿得了筷子即是合作產生的綜合效益（synergy，簡稱綜效）。拇指的英文是"thumb"，但是英文中 "all thumbs" 的字面意思雖是「全是拇指」，實際意思卻是「笨手笨腳」，因為由不同功能的手指互補合作才靈活。

　　當兩個以上具有不同互補能力的人適切合作時，通常會產生綜效。例如甲、乙兩名每年各有 1,000 萬元營業額業績的銷售代表，合作之後每年兩人一起做出 2,500 萬元營業額的業績，其中多出來的 500 萬元即是兩人合作產出的綜效（2,500 – 1,000 – 1,000 = 500）。兩人以上為特定目標

而聚合即成團體（group），但能產出綜效的團體才是團隊（team）。團隊一定是團體，但團體不一定是團隊。如同手指合作後可發揮更多功能一般，擁有互補能力的人員合作互動時，彼此之間可產生能量流（flow of energy）而產出整體大於部分之總和的綜效。

澳洲商業研究所（Australian Institute of Business, AIB, 2014）指出職場中團隊合作（teamwork）主要有下列六項效益，解說如下：

1. 提升效率

團隊在成員互助合作、齊心協力下，可以比成員個別進行更有效率地達成共同目標或完成共同任務。例如某部門人員常須各自向客戶、管理階層甚至潛在供應商做各種簡報而耗費大量時間。因而，部門人員著手分工合作，有的人蒐集銷售數據、有的人構建視覺輔具、有的人找出樣本或徵求客戶回饋和證言……。人員從各自單打獨鬥改為一起團隊合作後節省了工作時間，並更能執行與他們的能力和經驗相符的工作任務（Teamwork Definition, 2017）。因此，從管理角度看，鼓勵職場的團隊合作可使組織或部門在無須僱用更多的員工下，承擔額外的工作，從而產生額外的收益，亦即可「增能不增人」（AIB, 2014）。

2. 創生構想

團隊討論可以激發靈感和創新想法。例如面對專案構思想法時，一群人一起比一個人單獨可發揮更大的創意空間。因為員工自主工作並對提出構想負有直接責任時，常會傾向於向主管們提供較安全或保守的選項；然而，在團隊腦力激盪的環境中，提出有創意和獨特想法是受到歡迎的。團隊還可將來自不同背景和經驗層次的人員聚集在一起，而有助於創建最佳解決方案（AIB, 2014）。

3. 促進學習

當不同背景和經驗層次的人員聚集在一起工作時，每個成員都是其他

成員的學習對象，所以團隊合作是專業發展和相互學習的好機會。例如在會議討論中有意識地學習，或者從同儕的互動中不知不覺地增長見識、學到東西。隨著員工變得更有知識，他們的信心也會提高、態度也會改善，進而提高工作滿意度。所以對員工和雇主來說是一個雙贏的局面（AIB, 2014）。

4. 改善溝通

溝通良好是職場許多工作成功的關鍵因素之一，團隊合作是有助於改善溝通的活動。例如針對專案一起開會討論想法或協作，均須口語、書面和其他媒體（如社群媒體）的溝通能力，團隊成員參與其中，可彼此獲益。而且，透過公開討論使團隊成員都充分了解的專案，常可更有效率地完成（AIB, 2014）。

5. 分擔負荷

在團隊中要達成共同目標或完成共同任務時，工作負荷是由所有團隊成員共同分擔。例如某個職場員工工作負荷偏低，可透過團隊合作加以平衡。在團隊合作中，時間較為充裕的成員可協助其他成員，因而提高完工效率、組織效益和增多周轉時間（Sloan, 2018）。在團隊分工時，工作既須平等分擔，也須按個別成員的強項分配（或分派）使合作時能互補（AIB, 2014）。

6. 強化支持

在職場，員工的被支持感和歸屬感高，則工作滿意度會高。強大的團隊環境可為員工提供強大的支持機制。例如當員工單獨面對挑戰，可能覺得不堪負荷而做出不合理的決定；在團隊中，成員透過互相幫助、相互依賴和建立互信，則更能面對困難、迎向挑戰（AIB, 2014）。

綜上所述，組織、部門和個人一方面須講求如何讓本身（或所在）的團體發揮團隊合作的功能產出綜效，另一方面須善用團隊（如工作小

組、委員會、讀書會、品管圈⋯⋯）解決問題、達成目標或完成任務。掌理我國公務人員考試錄取、升任官等、行政中立及其他有關訓練的國家文官學院著眼於此，在考試錄取和升任官等訓練中即安排有團隊合作相關課程。

職場團隊合作需要可依工作分層級的重要職能

　　非洲諺語說：「一個人走得快，一群人走得遠。」（If you want to go fast, go alone. If you want to go far, go together.）但是為什麼有些團隊就是走不遠？其原因可連結 Patrick Lencioni（2002）指出的下列團隊五項功能失調或故障（Cheng, 2017; Primary Goals, n.d.）。五項失調是相互關聯的，任何一項失調都可能造成團隊的致命失敗：

1. 缺乏信任

本質上是成員們不願意在團體中受傷。團隊成員沒有眞正要與他人公開他們的錯誤和弱點，就無法建立信任的基礎。

2. 害怕衝突

前述無法建立信任導致害怕衝突。缺乏信任的團隊無法參與未經過濾和激情的想法辯論。相反，他們採取隱蔽的討論和防護的評論。

3. 欠缺投入

缺乏健康的衝突導致欠缺投入（commitment，又稱承諾等）。沒有在充滿激情和公開辯論的過程中發表意見，團隊成員很少會（甚至不會）信服並投入做出決定，儘管他們可能在會議中假裝同意。

4. 規避當責

由於缺乏眞正的投入和信服，團隊成員會規避當責（accountability，又

稱問責、課責等）。如果沒有採行明確的行動計畫，即使是最專注、最有動力的人也常會遲疑於帶動同事採取行動和行為，而不利團隊產能。

5. 忽視結果

如果不能維持彼此的責任，就會形成忽視結果的環境。當團隊成員將他們的個人需求（如自我中心、職涯發展或被賞識）或甚至他們的部門需求置於團隊的集體目標之上時，就會出現對結果的疏忽。

因此，澳洲商業研究所（AIB, 2014）指出：許多職場員工會規避團隊合作。針對上述五項失調的相反取向（或積極取向）是團隊成員該：(1) 相互信任；(2) 針對構想，參與未經過濾之衝突的解決；(3) 致力於做決定和行動計畫；(4) 互相當責以落實前述計畫；和 (5) 專注於集體成果的達成（Primary Goals, n.d.）。換句話說，職場團隊合作須講求一些重要職能（competency；勝任工作所需知識、技能、態度和知能與態度的綜合行為表現）。

各界主張的團隊合作職能汗牛充棟，但經濟合作暨發展組織（Organisation for Economic Co-operation and Development, OECD, 2014）要求其組織人員應具備的「團隊合作與團隊領導」（Teamwork and Team Leadership）核心職能（core competency），可視為在職場所有工作中的重要職能之一，但重要程度會依不同工作的職責和需求而變異。這項職能包含與他人合作、參與團隊，以及擔當團隊領導者角色。由於人員不僅在自己組織內的團隊工作，也常會在跨組織或組織外的團隊或團體工作。因此，他們須有效地在相互依存的目標和共同價值與規範下一起工作，以促進協作環境之營造和推動團隊往同一方向邁進。OECD 主張的「團隊合作與團隊領導」核心職能關鍵指標如表 1，這些關鍵指標是依工作分層級劃分的。

▶ 表 1 ▶ OECD 主張的「團隊合作與團隊領導」核心職能之關鍵指標

層級	關鍵指標
第 1 級：像助理、祕書和作業員之類的工作所需	1.1 啟動與他人協作，並自發地協助他人完成工作。 1.2 與他人分享所有相關資訊並尋求他人的意見。 1.3 表達自己的意見，同時保持事實和尊重。
第 2 級：像統計人員、企業管理和行政助理／主管、物流主管和文獻資料工作者的工作所需	2.1 支持其他人採取獨立行動。 2.2 在最少指導下解決發生的問題。 2.3 邀請他人提出想法並針對他人的想法提出改善意見。 2.4 承擔額外責任，以促進團隊目標之達成。
第 3 級：像經濟分析師／政策分析師、IT 分析師和人力資源顧問之類的工作所需	3.1 對委託他人（同事、團隊成員、專家等）的工作當責。 3.2 尋求與具有互補能力／專長的人團隊合作。 3.3 鼓勵持反對觀點的人表達他們的關切。 3.4 敏感而公平地解決團隊成員之間的衝突。
第 4 級：像高級分析師／政策分析師或經理之類的工作所需	4.1 為團隊提供明確的指導和優序。 4.2 委派責任給個人，並使他們對順利執行負責。 4.3 組織團隊，鼓勵合作，並匯集互補的能力／專長。 4.4 表揚個人貢獻並感謝團隊成就。 4.5 促進討論和解決衝突或分歧。 4.6 鼓勵和重視團隊的意見。
第 5 級：像部門主管、顧問、副處長和處長之類的工作所需	5.1 在部門／局處內外進行團隊任務，以促進橫向工作。 5.2 賦予員工權責相當，並就與員工協定的承諾當責。 5.3 適切地讓其他人參與影響他們的決策和計畫。 5.4 透過明確產出的期望來提升團隊士氣和產能。 5.5 在部門／局處／組織層級看到已發生的衝突並採取行動。

資料來源：OECD, 2014.

團隊合作的訓練趨勢

　　Training Industry 公司和 CrossKnowledge（2017）著眼於學習和發展趨勢的論述中大多強調個人學習者，而忽略現代組織大多數工作是協作完成的而須重視集體學習，也須與時俱進借重可促進集體學習新科技，乃於 2017 年後半年進行一項探討組織如何訓練團隊，以及主管們正在採取那些措施來支持團隊相關訓練與績效的研究，該研究調查 1,001 名學習者（即員工）和主管對各自公司團隊合作訓練的看法。結果發現：

1. 團隊相關訓練方面

　　1.1 不到一半的學習者認為團隊相關訓練始終有效。

　　1.2 許多公司係提供廣泛的團隊相關訓練主題（如品質訓練、技術訓練）。

　　1.3 常見的團隊相關訓練活動類型與學習者對這些活動效能的知覺之間有落差。

　　1.4 大多數團隊被視為具有協作文化且團隊成員之間存在正向關係。

2. 主管在團隊及團隊訓練中的角色方面

　　2.1 當公司提供有效的團隊相關訓練時，主管會更積極參與團隊。

　　2.2 主管參與度愈高，其領導的團隊被正向看待程度愈高。

　　2.3 團隊績效似乎受到管理階層參與程度所強烈驅動。

　　以上研究發現描繪出團隊合作的訓練現況和或多或少的訓練趨勢。在訓練現況方面，值得特別提及的是受訪學習者和主管反應公司採用的相關訓練活動及學習者和主管知覺的有用性如表 2 所示，除呈現前述 CrossKnowledge（2017）的研究發現 1.3 的落差之外，也顯示最常用的前三種活動屬於被動型學習經驗，而最沉浸型的「在工作崗位上進行團體模擬」或「在訓練環境中進行團體模擬」（前者實體，後者虛擬）卻最少被採用。

▶ 表 2 ▶ 公司採用的相關訓練活動及學習者和主管知覺的有用性

團隊相關訓練活動	公司採用百分比（排序）	知覺有用性排序
講師講述	52%	2
數位學習模組	51%	6
觀看影片	51%	5
講師示範	47%	1
團體介紹（破冰等）	46%	7
評估／評測	35%	8
在訓練環境中進行團體模擬	25%	4
在工作崗位上進行團體模擬	21%	3

資料來源：CrossKnowledge, 2017.

　　趨勢即發展方向，有「實然的趨勢」和「應然的趨勢」兩大類。實然的趨勢幾乎就是現況的延伸，而應然的趨勢則是需要積極介入使朝理想發展的方向。由前述研究發現和其他文獻顯示的職場團隊合作訓練趨勢說明如下：

1. 實然趨勢

(1) 團隊合作訓練將因軟性能力逐漸受到重視而持續增多

　　除了前述研究的著眼，Linkedin Learning（n.d.）的全球調查報告也指出 2018 職場學習五大趨勢居首的是「減緩自動化衝擊」，軟性能力（soft skill）訓練排序最高（因爲機器人欠缺軟性能力），而最重要的四項軟性能力依序是：領導力、溝通力、協作力和角色特定能力。因此，團隊合作訓練（或學習與發展）將會持續增多。

(2) 被動式但易辦理的訓練活動（如講師講述）仍會居高不下

　　如前述 CrossKnowledge（2017）的研究發現 1.3（常見的團隊相關訓練活動類型與學習者對這些活動效能的知覺之間有落差）及表 2

顯示最常用的前三種訓練活動性質是學習者被動學習型，未來講師講述等傳統、被動式及易辦理的訓練活動仍會居高不下。但如前述CrossKnowledge（2017）的研究發現1.1（不到一半的學習者認爲團隊相關訓練始終有效）及1.3（常見的團隊相關訓練活動類型與學習者對這些活動效能的知覺之間有落差），其成效堪慮。

(3) 員工團隊合作增能仍將高比例只被規劃成是許多訓練中的副學習或輔學習

如前述CrossKnowledge（2017）的研究發現1.2——許多公司的員工團隊合作增能訓練是包含在相當廣泛的訓練主題（如品質訓練、技術訓練）中。依William Kilpatrick所倡導的學習者在同一時間內的學習有主學習（直接要習得的主要知能和態度等；例如在統計品管教學單元要學會管制圖等七種手法）、副學習（可連結主學習而習得的有關觀念或知識；例如在統計品管教學單元學到excel軟體的應用）和輔學習（或附學習；可附加主、副學習養成的態度和興趣等；例如在統計品管教學單元激發團隊合作的興趣）三種，未來在廣泛主題中的團隊合作增能訓練仍將高比例被規劃成只是許多訓練中的副學習或輔學習。

(4) 一般職場訓練發展趨勢牽動團隊合作訓練的走向

團隊合作訓練是眾多訓練中的一環，所以一般職場訓練的發展趨勢也牽動團隊合作訓練的走向。因此，例如FinancesOnline（2017）所指出的下列趨勢都會和團隊合作訓練的走向相互關聯：採用以學習者爲中心的訓練取向、透過回應式設計支持移動式學習、在課程中融入遊戲化元素、加入影片學習以獲得更多參與、建置滿足所有訓練需求的學習管理系統（learning management system, LMS）。

2. 應然趨勢

(1) 團隊合作訓練和主管積極參與一併加強

如前述 CrossKnowledge（2017）的研究發現 2.1 至 2.3，主管（或團隊領導人）是團隊績效的關鍵因素，但光靠主管無法成事，還須靠團隊成員之間有良好的關係品質以發揮功能和互補協作。因此，無論主管或團隊成員均須團隊合作和團隊領導職能的增能訓練。這種應透過有效的訓練等活動促成團隊合作和團隊領導職能的提升，和表 1：OECD「團隊合作與團隊領導」核心職能所主張愈高層級人員愈須具備團隊領導職能是相互呼應的。簡而言之，未來應會更重視「訓練＋主管＝職場團隊合作績效」。

(2) 團隊合作訓練更講求成效乃至投資報酬率

團隊合作知能與態度是否須直接規劃為主學習？在許多職場團隊合作訓練方法（或活動）中該如何選採？……均須因地制宜、適法適用……。但須以訓練成效乃至投資報酬率做重要考量依據。例如一個加拿大研究人員團隊為檢視團隊合作訓練後團隊在工作上的表現情形，以及人員實際展現團隊合作行為的數量，選出 51 個已完成的研究文獻進行後設分析（meta-analysis，即分析的分析），發現旨在改善職場團隊合作的訓練是有用的──團隊中受過團隊合作訓練的人員愈多，團隊績效表現愈佳和團隊合作行為愈多（Cioca, 2017; McEwan, et al., 2017）；亦即以「改善職場團隊合作」為主學習的訓練受到支持。此外，在諸多訓練方法中，可一併訓練員工專技（屬硬實力）和團隊合作（屬軟實力）職能的合作學習（cooperative learning）或協作學習（collaborative learning）也會被做更多的選採。換句話說，未來職場團隊合作訓練應會更講求成效乃至投資報酬率，而非只為訓練而訓練。

綜上所述，本文對職場團隊合作訓練的兩項建議如下：

1. 能改善員工職場團隊合作行為和績效的訓練，才是好的職場團隊合作訓練

俗話說：並非所有閃亮的東西都是黃金（All that glitters is not gold），意指外表亮麗的東西未必有想像中那麼好。在許多主學習目標在增進職場員工團隊合作知能與態度的訓練中，能改善員工職場團隊合作行為和績效的訓練才是好訓練。換句話說，這種訓練須經得起克伯屈（Donald Kirkpatrick）四層次評鑑中第三層「行為」和第四層「結果」的考驗。克伯屈四個層次模式是：I－反應（reaction；受訓者喜歡這個訓練？）、II－學習（learning；受訓者從這個訓練學到東西？）、III－行為（behavior；受訓者因為這個訓練改變了行為？）和 IV－結果（results；組織因為這個訓練達致某種成功？），且第 III 和第 IV 層次的行為和結果可分別視為個人績效和組織績效。但並非每項訓練都須進行四層次評鑑（詳見：李隆盛，2008；李隆盛、李慧茹，2014）。

2. 職場團隊合作訓練須設定幾個訓練目標，儘量採用互動性高的訓練方法

在提升員工職場團隊合作職能的訓練目的下，須針對需求設定更具體而微的訓練目標。例如針對新建立的團隊，設定團隊任務和擬訂行動計畫可能是訓練目標；針對已在運作中的團隊，促進協作、協調和溝通可能是訓練目標（Cioca, 2017）。在訓練方法方面，McEwan 等人（2017）指出依成效由高而低排序的四種方法是：(1) 模擬——團員試用和演練團隊合作行為並做檢討改善；(2) 檢討——團員透過錄影等媒介一起檢視本身在實際工作上的團隊合作品質並謀求改善；(3) 工作坊——團員參與各種互動團體活動（如閱讀和討論團隊合作個案，找出問題與對策）；和 (4) 說教——團員接收在課堂環境的講述。亦即，宜

盡可能讓受訓者在眞實的情境中主動學習和演練團隊合作，愈是如此愈能刺激受訓者對團隊合作的批判思考（審愼運用推理，判斷斷言之眞實性的能力）而增進團隊合作行爲與表現。

參考文獻

李隆盛（2008）。向企業學習：克伯屈的四層次評鑑。**評鑑雙月刊，13**，45-48。epaper.heeact.edu.tw/images/epaper_heeact.../13_8-1_45-48.pdf

李隆盛、李慧茹（2014）。訓練課程的目標設定。**T&D 飛訊，199**。http://www.nacs.gov.tw/NcsiWebFileDocuments/49cfd1713659ec172a2ce0927d3aa720.pdf

Australian Institute of Business (AIB). (2014, July 8). *Why teamwork is important in the workplace*. AIB Blog. https://www.aib.edu.au/blog/teamwork/teamwork-is-important-in-the-workplace/

Cheng, A. (2017, May 31)。「一個人走的快，一群人走的遠」，但爲何有些團隊就是走不遠？**一談就贏鄭志豪的談判教室**。http://negotowin.blogspot.com/2017/05/blog-post_31.html?spref=fb

Cioca, L. A. (2017). *Teamwork training: how to make it work*. ScienceForWork. https://scienceforwork.com/blog/teamwork-training/

CrossKnowledge. (n.d.). *The manager's role in training for teamwork. Training Industry*. https://trainingindustry.com/content/uploads/2018/01/CrossKnowledge_Report_Managers_and_teams.pdf

FinancesOnline. (2017). *Current trends that shape up workplace training*. http://negotowin.blogspot.com/2017/05/blog-post_31.html?spref=fb https://financesonline.com/current-trends-shapeworkplace-training/

Lencioni, P. (2002). *The five dysfunctions of a team: A leadership fable*. John Wiley & Sons.

Linkedin Learning. (n.d.). *2018 workplace learning report: The rise and responsibility of talent development in the new labor market*. https://learning.linkedin.com/content/dam/me/learning/en-us/pdfs/linkedin-le arning-workplace-learning-report-2018.pdf

McEwan, D., Ruissen, G. R., Eys, M. A., Zumbo, B. D., & Beauchamp, M. R.

(2017). The effectiveness of teamwork training on teamwork behaviors and team performance: A systematic review and meta-analysis of controlled interventions. *PLOS ONE, 12*(1). https://journals.plos.org/plosone/article?id=10.1371/journal.pone.0169604

Organisation for Economic Co-operation and Development (OECD). (2014). *Competency framework*. https://www.oecd.org/careers/competency_framework_en.pdf

Primary Goals. (n.d.). *The five dysfunctions of a team*. http://primarygoals.com/teams/books/five-dysfunctions/

Sloan, K. (2018, April 13). *5 ways teamwork increases work productivity*. https://www.calendar.com/blog/5-waysteamwork-increases-work-productivity/

Teamwork Definition. (2017). *Examples how to improve teamwork*. http://teamworkdefinition.com/examplesofteamwork/

（2019 年 2 月發表於《T&D 飛訊》，第 251 期，頁 1-16）

39 三迴圈學習在領導力發展上的應用

三迴圈學習強調在環境脈絡下反思

　　Argyris 和 Schön（1978）認為學習涉及檢測和修正錯誤（即改善），他們和其他學者將組織中的學習區分成單迴圈、雙迴圈和三迴圈等三種層次，如圖 1 及下列說明（Authenticity Consulting, n.d.; Van Vliet, 2012）：

1. 單迴圈學習（single-loop learning, SLL）

　　又稱「調適學習」（adaptive learning）等，目的是在解決增加中的變化和由此變化所引發的問題，但忽略問題實際成因的學習形式。學習重點在「遵守規則」和問 How：針對問題解決，我們正在把事做好（doing things right）嗎？大多數的團隊或組織制訂僵硬的規則—策略、政策和程序，然後成員花時間檢測和改正不合規則的偏差（偏差即問題所在）。如圖 1，SLL 借重操作（operation），僅能及於「行動」（action）層次的偵錯與修正。

　　例如當你注意到某專案的客戶沒有準時製作出該交付的東西時，你對客戶生氣並要求客戶加快製作出來，但沒先去實際探索為什麼客戶沒有準時製作出東西。這種遵守規則偵測和改正錯誤，含有自動和有限反應，少有學習及不須洞見的系統就是 SLL（Authenticity Consulting, n.d.）。

2. 雙迴圈學習（double-loop learning, DLL）

又稱「生成學習」（generative learning）等，是更深入了解問題成因和運用回饋查看過去行動的學習方式。學習重點在「改變規則」和問 What：針對問題解決，我們正在做對的事（doing right things）嗎？當團隊或組織成員不只注意到是否有偏差和如何改正，還能反思該不該改變規則本身，這種涉及更多跳出框架思考、創造力和批判思考，有助於參與者理解爲什麼特定的對策比其他對策更能解決問題或達成目標的學習就是 DLL。如圖 1，DLL 除了操作還借重質疑（question），可達信念和「假說」（assumption）層次的偵錯與修正。

承接上例，雙迴圈學習發生在當你的客戶沒準時交付時，你和客戶討論：客戶沒準時交付的原因、你的期望是否切合實際，討論結果可能是改變專案時間表或改善你和客戶之間的溝通（Authenticity Consulting, n.d.）。

3. 三迴圈學習（triple-loop learning, TLL）

又稱「轉化學習」（transformational learning）等，是組合單迴圈和雙迴圈學習，目的在改善覺察和學習的學習形式。學習重點在「學會學習」和問 Why：我們的問題解決對策，既正當又有力道，或既有力道又正確嗎？參與者首先透過反思學習如何學習，不僅反思規則該不該改變，也反思對規則的看法。這種學習形式有助於參與者更了解自己和別人的信念與知覺。如圖 1，TLL 除了操作和質疑還借重反思（reflection），可達「環境」脈絡（context）層次的偵錯與修正。

承接上例，三迴圈學習發生在和客戶討論到對話的動力學層次：含對話如何進行、從對話中學到什麼，以及學習如何發生（Authenticity Consulting, n.d.）。

▶ 圖 1 ▶ 三迴圈學習示意

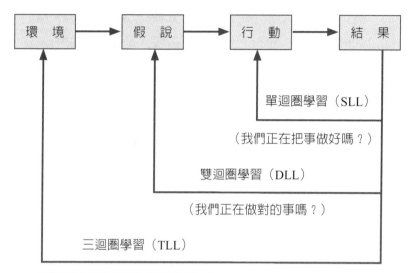

資料來源：Sokolov, 2016.

　　三迴圈學習的概念適用於組織學習和個人學習。Van Vliet（2012）認為這種概念有助我們了解組織中情境改變時人的行為。如圖 1 所示，層次愈高的學習將檢測和修正錯誤（即改善）放在愈多元寬闊的視角下處理。有人說讀書「既要跳進書中，也要跳出書外」。為了汲取特定知識解決問題：「跳進書中」乃至皓首窮經的操作，就像 SLL；「既跳進書中，也跳出書外」，除了有把書讀好的操作，還有是否讀對書的質疑乃至尋求讀書之外的變通，就像 DLL；會把前述操作和質疑放在時空的環境脈絡中，反思未來在相同或相似的情境，如何最有效率又最有效能汲取特定知識解決問題，就像 TLL。西洋人說：我們可以經由三種方法學到智慧：透過經驗，最苦澀；透過模仿，最簡單；透過反思，最崇高。TLL 強調反思，但也含納經驗和模仿等。

　　三迴圈學習概念該被應用在須重視環境脈絡，以及和由實際工作之反

思扣連的領導力發展方案。領導力（leadership）是影響他人樂意完成任務的能力。被譽為領導大師、說過「管理人做好事情；領導人做對事情」的 Warren Bennis（1925-2014）認為：「領導人是培養出來的，不是天生的。」（Leaders are made, not born.）所以，每個人都具備領導的潛能，領導力可以透過正規、非正規或非正式學習的管道多管齊下發展出來。然而，Gurdjian、Halbeisen 和 Lane（2014）指出：

> 多年來，組織已經撒了大把時間和金錢來提高主管的能力和培養新領導人。美國公司光在領導力發展方面每年花費近 140 億美元，大學校院提供數百個領導學位課程，參加頂級商學院客製化領導力發展的花費每人高達 15 萬美元。此外，當 500 名高階主管被要求排名前三名的人力資本優先事項時，領導力發展被列為當前和未來的優先項目。將近三分之二的受訪者表示他們最關切領導力發展。英國商學院調查的高級主管中只有 7% 認為他們的公司有效地發展了全球領導人。而 30% 左右的美國公司承認他們沒能充分利用他們的國際商機，是因為他們缺乏具有適切能力的領導人。

Gurdjian 等人（2014）因而透過訪談，歸納出導致領導力發展方案（leadership development program）失敗的四個失誤如下：忽視環境脈絡、沒和由實際工作的反思扣連、低估心態和未能衡量結果。就「忽視環境脈絡」方面而言，卓越領導人通常是適才適所的，例如有的領導人適合順勢而升，有人適合振衰起敝，而非單一組領導能力和風格適合所有情境。就「沒和由實際工作的反思扣連」方面而言，主要是領導力發展班次常是開在職場外（如在大學校院）的課程，固然有跳出職場框架和脫離工作負擔，有較能放開眼界專注學習的好處，但成人從教室聽講的通常只能留存10%，但從做中學的約可留存三分之二。因此，領導力發展方案須妥切規劃使能提供學員結合實際工作經驗和反思的機會。例如組織在重大企劃專

案中該提供員工領導力發展的機會。也因此，非正規（non-formal）和非正式（informal）的領導力發展管道相形重要。非正規發展管道如參加童子軍或扶輪青年服務團（簡稱扶青團）培養出領導力，非正式發展管道如瀏覽線上名人傳記或觀察組織內領導人作爲，從而培養出領導力。由於前述三迴圈學習著重反思，且可達環境脈絡的偵錯與修正層次，所以三迴圈學習概念該被應用在須重視環境脈絡，以及和由實際工作之反思扣連的領導力發展方案中，思考領導力發展的深度和廣度。

　　換句話說，領導力發展只顧及 SLL 層次可能很有效率，但只能做到在既有框架中「把事做好」（doing things right）的層次；擴大（或提升）到 DLL 層次才能跳出框架做到「做對事情」（doing right things）的層次；再擴大到 TLL 層次才能更開闊地爲相同或相近的環境脈絡找到最適切的改善方案──既做對事情又把事做好。

三迴圈學習概念該被應用在領導力發展的課程設計

　　國內大學校院常標舉雙迴圈課程設計，但對雙迴圈的解讀不盡相同，較常見者以下列內、外迴圈爲雙迴圈（李秉乾，2008）：

1. 內部迴圈

是依據系（或所、學位學程）教育目標，進行系基本與核心能力的訂定與達成，以及課程規劃與實施之評鑑，並依據評鑑結果，修正達成教育目標的基本與核心能力及課程規劃。內部迴圈以每學年進行 1 至 2 次爲原則。

2. 外部迴圈

是對系之教育目標達成度進行評鑑，蒐集業界、畢業生、家長相關回饋建議，持續改善系之教育目標。外部迴圈之執行週期約 3 年。

　　以上用在正規教育的內、外雙迴圈課程設計大致對應前述單、雙迴圈學習——偵錯與修正——的概念。領導力發展的整個方案或其中一個科目的課程設計則可考慮融入 Why、What 和 How 問題的三迴圈學習概念，如圖 2 及下列說明（Asproth, et al., 2011）：

1. 敘明領導力適用環境：透過文獻、訪談等程序，明辨待發展領導力當前及外來的運用環境脈絡。

2. 明辨對領導力的要求：透過文獻、訪談等程序，明辨領導力的質量等要求。

3. 明辨領導人能力需求：透過文獻、多面向利害關係人訪談等程序，明辨領導人的能力需求。

4. 明辨已有方案或課程：透過文獻、訪談等程序，明辦組織內外已有的領導力發展方案或課程。

5. 進行領導力課程發展：與利害關係人協作，進行領導力課程發展。

6. 實施領導力課程：進行領導力發展課程實施。

7. 評鑑課程與成效：評鑑課程發展程序、課程內容與實施、學員學以致用成效。

8. 分析和進行改善：根據評鑑回饋，進行後續改善與發展。

▶ **圖 2** ▶ **應用三迴圈學習概念的領導力發展課程設計模式**

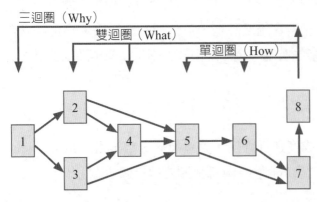

資料來源：Asproth, et al., 2011, p.7.

如圖 2 所示，該課程設計模式中：步驟 1 回答 Why，步驟 2 和 3 回答 What，步驟 4 至 7 回答 How；而單、雙和三迴圈則分別著重 How、What 和 Why 的改善。

綜上所述，三迴圈學習概念提供我們思考領導力發展之廣度和深度，以及設計領導力發展課程的模式。

參考文獻

李秉乾（2008）。逢甲大學推動成果導向教學品保機制之經驗。**評鑑雙月刊，16**。http://epaper.heeact.edu.tw/archive/2008/11/01/770.aspx

Argyris, C., & Schön, D. A. (1978). *Organizational learning: A theory of action perspective*. Addison-Wesley.

Asproth, V., Nyström, C. A., Olsson, H., & Öberg, L. (2011). Team syntegrity in a triple loop learning model for course development. *Issues in Informing Science and Information Technology, 8*. http://iisit.org/Vol8/IISITv8p001-011Asproth290.pdf

Authenticity Consulting. (n.d.). *Different kinds of learning* (*Loops of learning*). http://managementhelp.org/misc/learning-types-loops.pdf

Gurdjian, P., Halbeisen, T., & Lane, K. (2014). Why leadership-development programs fail. *McKinsey Quarterly*. http://www.mckinsey.com/global-themes/leadership/why-leadership-development-programs-fail

Sokolov, D. (2016). *Triple loop learning*. http://confocalmanawatu.pbworks.com/w/page/105485889/Triple%20Loop%20Learning

Van Vliet, V. (2012). Single and double loop learning model. *Tools Hero*. https://www.toolshero.com/change-management/ single-double-loop-learning/

（2017 年 7 月發表於《T&D 飛訊》，第 232 期，頁 1-12）

國家圖書館出版品預行編目資料

人才發展的課題／李隆盛著. －－初版.－－
臺北市：五南圖書出版股份有限公司，
2022.09
　面；　公分
ISBN 978-626-343-158-4 (平裝)

1.CST: 人才　2.CST: 人力資源

501.5　　　　　　　　　　111012176

115Q

人才發展的課題

作　　者 ― 李隆盛

發 行 人 ― 楊榮川

總 經 理 ― 楊士清

總 編 輯 ― 楊秀麗

副總編輯 ― 黃文瓊

責任編輯 ― 黃淑真、李敏華

封面設計 ― 王麗娟

出 版 者 ― 五南圖書出版股份有限公司

地　　址：106臺北市大安區和平東路二段339號4樓

電　　話：(02)2705-5066　　傳　　真：(02)2706-6100

網　　址：https://www.wunan.com.tw

電子郵件：wunan@wunan.com.tw

劃撥帳號：01068953

戶　　名：五南圖書出版股份有限公司

法律顧問　林勝安律師事務所　林勝安律師

出版日期　2022年9月初版一刷

定　　價　新臺幣400元

經典永恆‧名著常在

五十週年的獻禮——經典名著文庫

五南，五十年了，半個世紀，人生旅程的一大半，走過來了。

思索著，邁向百年的未來歷程，能為知識界、文化學術界作些什麼？

在速食文化的生態下，有什麼值得讓人雋永品味的？

歷代經典‧當今名著，經過時間的洗禮，千錘百鍊，流傳至今，光芒耀人；

不僅使我們能領悟前人的智慧，同時也增深加廣我們思考的深度與視野。

我們決心投入巨資，有計畫的系統梳選，成立「經典名著文庫」，

希望收入古今中外思想性的、充滿睿智與獨見的經典、名著。

這是一項理想性的、永續性的巨大出版工程。

不在意讀者的眾寡，只考慮它的學術價值，力求完整展現先哲思想的軌跡；

為知識界開啟一片智慧之窗，營造一座百花綻放的世界文明公園，

任君遨遊、取菁吸蜜、嘉惠學子！